庄子玄解

谢国仲◎著

人民东方出版传媒

东方出版社

图书在版编目（CIP）数据

庄子玄解／谢国仲著. —北京：东方出版社，2017.3
ISBN 978 - 7 - 5060 - 9538 - 9

Ⅰ.①庄…　Ⅱ.①谢…　Ⅲ.①道家②《庄子》—研究　Ⅳ.①B223.55

中国版本图书馆 CIP 数据核字（2017）第 053004 号

庄子玄解

(ZHUANGZI XUANJIE)

作　　者	谢国仲
责任编辑	贺　方　王　萌
出　　版	东方出版社
发　　行	人民东方出版传媒有限公司
地　　址	北京市东城区东四十条 113 号
邮政编码	100007
印　　刷	三河市金泰源印务有限公司
版　　次	2017 年 8 月第 1 版
印　　次	2017 年 8 月第 1 次印刷
开　　本	710 毫米×1000 毫米　1/16
印　　张	11.75
字　　数	140 千字
书　　号	ISBN 978 - 7 - 5060 - 9538 - 9
定　　价	32.00 元
发行电话	(010) 85924663　85924644　85924641

目 录

导　言

《庄子》描述了庄子本人修行的见地，也称为《南华真经》，分内篇、外篇和杂篇。《庄子》内篇，自成体系，七个篇章，章章相扣，互相呼应，连贯有序，文采飞扬。若未能了解其背后体系的脉络，那么对于这内七篇的真义是不得要领的。先来看看这七篇的标题：

第一篇《逍遥游》。什么是逍遥？怎样才能够逍遥？什么样的人才会逍遥？一般来说，逍遥的境界，普通的世间人几乎是达不到的。在观世音菩萨所讲、释迦牟尼佛印证的《心经》中，开篇就说"观自在"，这个"自在"和庄子说的"逍遥"实际上是一回事。什么是逍遥呢？庄子用第一篇来讲这个问题。

第二篇《齐物论》。世间人都很善于分别，分别各种人和事物之间的差异，而庄子在这一篇告诉你，万物都是一回事——"齐物"。如果无法"齐物"，我们就无法超越有形的物质世界，也就无法逍遥。只有"齐物"，才能够进入道的境界。这就是第二篇，讲述万物是一体、没有分别的。

第三篇《养生主》。现在的人都喜欢谈养生，其实大家不懂得，养生的关键，是养那个"主"，而不是这副肉体。现在西方的营养、健康等学说都是以有形的物质为主，一说养生就落在肉体上，根本不知道肉体的主人在哪里。如果连生之主在哪里都不知道，养生又从何谈起呢？庄子谈养生，就是讲这个生之主，叫作"养生主"。

第四篇《人间世》。我们都活在这个世间，在这个世间究竟应该怎么活？怎样活才是逍遥的？如何在世间修道？这是第四篇。

第五篇《德充符》。这一篇讲述得道之后所充溢出来的品德。得道之后会展现出来各种各样的相貌，一个道者究竟是怎样的？他的心性如何？具有哪些品德？

第六篇《大宗师》。一个得道之人，就称为"大宗师"。

第七篇《应帝王》。这是讲述一个修道之人内圣外王的过程。历来，很多得道者都成为帝王的老师。所以一个真正的道者，是天人师。不光只是成就自己，还要度众生。

这就是《庄子》内七篇一个大致的模型，是一个很完整的论述体系。

逍遥游

北冥有鱼，其名为鲲。鲲之大，不知其几千里也。化而为鸟，其名为鹏。鹏之背，不知其几千里也。怒而飞，其翼若垂天之云。是鸟也，海运则将徙于南冥。南冥者，天池也。

《齐谐》者，志怪者也。《谐》之言曰："鹏之徙于南冥也，水击三千里，抟扶摇而上者九万里，去以六月息者也。"野马也，尘埃也，生物之以息相吹也。天之苍苍，其正色邪？其远而无所至极邪？其视下也，亦若是则已矣。

我们的古人认知世界是用内化的方式，而不是像现代西方科学走外化的路子，用仪器去探测。内化的方式，在它的过程中：在内，会有"内景"，会看到自己身体里的变化；在外，有"天人合一"，会有感应，甚至出现天眼、慧眼、法眼这样的能力。庄子，作为道家高超修为的代表人物，其修证功夫深不可测，他将自己修证的内容和见地，以故事的形式描述出来。

"北冥有鱼，其名为鲲"这一段，庄子在第二段自己做了解释，他说是一本叫作《齐谐》的书中所记载的，此书专门记录各种稀奇古怪的事情。意思是他讲的这个鲲化鹏的故事是有依据的，证明自己不是乱讲。那么，这个故事是描述什么呢？

在道家看来，我们人体有一根子午线。午在头顶百汇，子在会阴。北冥，就是代指会阴，那是一个精海，这海里有鱼。

"其名曰鲲"，也就是精，是一种鲲鱼的状态。"鲲之大，不知其几千里也"，这是修行的一种见地，看见的内景，而且已经由内通达至外，进入天人合一的状态，这时看见的景象是"鲲之大，不知其几千里也"，是很广大的。

这个鲲，"化而为鸟"，就是转化，把精化成气，气化成神。鹏，就是鸟，在道家内景图里，鸟为心之神，就是代表神。庄子在后面谈到"沿督可以长生"，即沿督脉炼精化气往上升，最后化神。神，在南冥，也就是头部、脑，叫作"天池"。

在精、气、神的转化中，"怒而飞"。什么东西"怒"呢？身体的木气。所以这精化气、气化神是水生木、木生火的过程。但是转化是有火候的，不是你说想化就能化的。这个火候就是"海运"。海运就是海动的时候，也就是一般说的"活子时"，这时是有消息的，是我们身体气机发动的时候，就可以往上升，"将徙于南冥"，就往头上走了。南冥天池，就是描述还精补脑。所以，北冥之鲲化为南冥之鹏是很实在的一个内景景象。

天地来讲，我们的这个世界万物也是气化的。当大海的水动，化为气，而且在六月天气热的时候气化最厉害，风也特别大。这个气化的时候就是"怒而飞"，气往上升；升到天上，结成云彩，这就是《易经》中讲的阳气的变化，"见龙在天"，也是描述这股气机的变化，往上升腾。这就是庄子天人合一的见地，是很真实的见地，他通过内景的方式感受到，然后用一种故事的手法来表述，变成非常美的一幅画。

从养生的角度来讲，鲲化鹏就是描述人体的精气能否转化而不泄漏，能否还精补脑，把能量还原到我们生命的本来。现代医学对于脑萎缩搞不清楚是怎么回事，事实上就是因为精不能还脑。当年纪越来越大，连生命的生理周期都已经断掉，海运已经没有，活子时也不能产生，也就是《黄帝内经》中所说，男子八八六十四，女子七七四十九，"天癸竭"——已经不能生精、不能排卵了，这时就不能转化。这样年纪再大一点儿就容易脑萎缩，除非你能够还原，能够再产生精。有的人很长寿，八十几岁还能生小孩儿，说明身体里的精气神还很足，这种人的身体肯定很棒，就不会脑萎缩。

这么奥妙的事，庄子一开篇就讲这个。但是讲这个是打埋伏的，因为他认为这个东西还不是高级的东西，到后面你就知道高级的厉害了。先谈这个已经是很讲功夫境界了，是很实战的，看起来很荒谬，实际上是很真实的内景。

六月天的时候，产生了那股气息的变化，"怒而飞"，就是刚才说的火候到了。同时又更加深入地讲："野马也，尘埃也，生物之以息相吹也。天之苍苍，其正色邪？其远而无所至极邪？其视下也，亦若是则已矣。"

"野马"，什么是野马？就是天上那个云彩有各种各样的样子，像野马一样，实际上都是各种生物各种各样的气息相吹而成。你眼望天空，看到是苍色，为什么是苍色呢？因为你根本看不到它的底，没有穷尽。反过来，如果你在南冥那种地方往下看，可能下面也是苍色。所以他说"其视下也，亦若是则已矣"，就和这个往上看是一样的。这是对前面一段的补充。

且夫水之积也不厚，则其负大舟也无力。覆杯水于坳堂之上，则芥为之舟，置杯焉则胶，水浅而舟大也。风之积也不厚，则其负大翼也无力。故九万里，则风斯在下矣，而后乃今培风，背负青天而莫之夭阏者，而后乃今将图南。

这一节是一个很通俗的比喻。一杯水里放一根小草，它就浮起来，这是在讲前面所说的火候。如果不按火候修行，火候没到的时候自己用意念去导引，那就相当于揠苗助长，是上不去的，这是"水浅而舟大也"。所以，"风之积也不厚，则其负大翼也无力"。这里面含有小和大的差别，这是第一层含义。

第二层意思，就是说必须在风大的时候，也就是六月海动的时候，才能托起鹏的翅膀，往上飞。我们在修行的时候也是一样，必须在活子时的时候、气机发动的时候，精才能够化气、化神，这是有火候的，好像十五的月亮，和初一、初三、初八时引动潮汐的力量是不一样的。人也是一样，如果你的精气没有存积，相当于水是很少的，这时所化之气的力量很小，托不起鹏的翅膀，升腾不了、转化不了。这就是火候的重要，庄子在此再次强调火候的问题。所以我们要懂得珍惜自己的精气，你才能够炼精化气、炼气化神，这里面是有机关、有反应的，修行的时候必须善于体会。其中的内容很深，庄子是全部印证过的，修过来的，非常清楚这些过程，然后讲给我们听。我们不懂的话就是看故事，理解的话，就知道是讲修行，讲道家的内丹，讲天人合一，讲火候，讲的是这些东西。

我们知道女子有月经，男子有精满自溢的现象，这些东西都有其"候"，身体会有相应的反应。天地间也是这样，天、人是合一的，所以是六月海动的时候才能气化。月亮对潮汐的影响也是一种火候，道门就经常以此为关窍，在《周易参同契》里，以月亮变化的方式、用八卦来描述。《阴符经》中关于八卦甲子系统的内容，也是在描述天地时间变化的规律。所以早上和下午有差异，早上阳气升腾，过了中午一阴生，往下降，晚上往下潜藏，这些东西都在运转周天。你若想长寿，想要到南极仙翁那里，就必须懂得并利用这些火候的规律。南极仙翁的头，前额鼓出一个包，很大，那就是因为他还精补脑的功夫很高，把头都凸出来了；而我们现在的人脑萎缩，凹进去的，那肯定短命。而且南极仙翁拿着一个龙头拐杖，龙头拐杖就是代表气，左手捧着一个桃子，就是精，精化气化神，这就是南冥。想要修到南冥这个地方，要有鲲，才能化鹏，而且要有火候、要有风来推动，鹏的翅膀才能托起，才能飞到南冥这个地方。所以，庄子描述得太美了，是精、气、神，天人合一的关系。

这就是我们传统思想中讲物化、气化、神化的道理。鲲化鹏就是物化，还有气化、神化，很多境界，你要能够读解出来。其中有大和小的差异，有度、量够不够的问题。所以修行修得好了，普通人的生理周期一周来一次，慢慢修到一个月；再后来几个月来一次；

再修，一年、两年来一次。所以周期越长，储存的能量就越大，这是有火候的。下面就更进一步地表达大和小的差异。

蜩与学鸠笑之曰："我决起而飞，抢榆枋而止，时则不至而控于地而已矣，奚以之九万里而南为？"适莽苍者，三飡而反，腹犹果然；适百里者，宿舂粮；适千里者，三月聚粮。之二虫又何知！

小知不及大知，小年不及大年。奚以知其然也？朝菌不知晦朔，蟪蛄不知春秋，此小年也。楚之南有冥灵者，以五百岁为春，五百岁为秋；上古有大椿者，以八千岁为春，八千岁为秋，此大年也。而彭祖乃今以久特闻，众人匹之，不亦悲乎！

蝉和鸠，这两个小东西居然嘲笑大鹏，觉得大鹏不自在，而自己想怎么飞就怎么飞，然后掉下来就算了，大鹏还要去等海运的时候才飞得远，太不自在了。这是"小知不及大知"。庄子这是在描述小和大的差异。现在很多修行人有一点儿功夫就以为自己了不起，实际上是因为没见过大的境界。

前面所讲的炼精化气的内容是小周天，还有一个大周天，其中就有大小的差别。炼精化气是物化，物化的时候可能在一天之中，早上阳气升起来，子时以后进火，午时以后退火，这是小周天，可以炼精化气。当你物化这一阶段的功夫已经练过之后，就上升到练气的层次了。练气的阶段是讲年、讲春夏秋冬的。春天，是在一片绿色的光海里，夏天是红色的光海，每个境界是不一样的，一个春夏秋冬下来才走完一个周天，这是气的境界。后面还有神的境界。物化、气化、神化，境界都不一样，练就的时间也不一样，大小的差异很大。

如果练了一个小周天就以为自己功夫很高，那就与这个蝉和鸠差不多，根本没见过气化的功夫。达到气化的功夫才算进入中等水平，才进入一年的天人合一，小周天只是一天的天人合一，二者差异很大。而到了神化的境界，是要跳出天地的束缚，那是炼神，这才是庄子后面要说的"至人"境界。所以前面这些周天都是有待，都还要等火候，等天地的气息你才能够运转；而神化的时候要跳出天地，所谓"跳出五行中"，物化、气化都还在五行之内。所以庄子说的逍遥，是必须跳出五行中，否则他认为你不及格，你想想庄子是什么境界。在神化的境界，彭祖八百岁只能算是夭折，根本算不了什么。

庄子的这些见地都是修出来的，并不是想象。他不是吹牛的人，而是一个实证家，绝对是一个实证家，不然讲不出这些话，这里面有奥秘。他说千岁为秋、千岁为春，甚至后面说圣人、神人、至人，描述得清清楚楚，那是不可思议的境界。所以修行是一个实证的过程，不是口头禅，口头禅毫无用处，和你的生命没有关系，只是求名，充其量是"名利"二字，忽悠人家而已。真正的实证你是怎样？你走到哪里？现在是形修、气修，还是神修的功夫？你修到哪儿？玩儿的是什么见地？这要参。庄子这里面隐藏着道家高深的功夫，一般不懂道家内核的人看不懂这里面的奥秘。看上去庄子泛泛而谈在讲故事，搞得读者有晕头转向的感觉，实际上里面是有章法的，有体悟的。

汤之问棘也是已："穷发之北，有冥海者，天池也。有鱼焉，其广数千里，未有知其修者，其名为鲲。有鸟焉，其名为鹏，背若泰山，翼若垂天之云，抟扶摇羊角而上者九万里，绝云气，负青天，然后图南，且适南冥也。斥鴳笑之曰：'彼且奚适也？我腾跃而上，不过数仞而下，翱翔蓬蒿之间，此亦飞之至也，而彼且奚适也？'"此小大之辩也。

这一段事实上就是重复前面，重言、重申一遍。其中"抟扶摇羊角而上"，"羊角"就是未月，就是羊，也就是六月，所以还是重复讲述前面火候的问题。

故夫知效一官，行比一乡，德合一君而征一国者，其自视也亦若此矣。而宋荣子犹然笑之。且举世而誉之而不加劝，举世而非之而不加沮，定乎内外之分，辩乎荣辱之境，斯已矣。彼其于世未数数然也。虽然，犹有未树也。夫列子御风而行，泠然善也，旬有五日而后反。彼于致福者，未数数然也。此虽免乎行，犹有所待者也。若夫乘天地之正，而御六气之辩，以游无穷者，彼且恶乎待哉！故曰：至人无己，神人无功，圣人无名。

前面讲物化、气化，现在这一段进入神化，描述神的境界。所谓的神化指的是什么？就是炼神。人的心灵境界是有品德的，有不同的大小，由此就当不同的官。又讲到宋荣子这样的人，对于虚名已经不予理会，超越了荣辱之境，但是对于气比较执着。包括列子，乘风而行，有功但是还没神化，对气还是执着。所以，什么样的人才是神化？什么才是真正炼神炼成功的人呢？至人，也就是无己之人，就是把那个"我"，都已经空掉了，无我，而且已经炼神还虚，与道相合的人。所以哪怕你是"神游八极，视听八达之外"，这都还是有功，尽管已经出神入化，但还是有待，而庄子这里谈到的境界是无我、无功，更加不谈名了。

这一段点出了什么是真正的逍遥。实际上，老子在《道德经》里开篇就讲这个问题，只要你还是无常的，还在"可道"的范围，那么就是"非常道"。"非常道"就是无常的东西，肯定还是相待的，即还有一个对待的对象。"可名"的，一定是"非常名"，一定是无常的，无常的东西一定不是永恒不变的，达不到超然的境界，所以就算你"神游八极，视听八达之外"，你还是有个"我"，那个"我"还与环境有关系，有对待，有我相就有人相、众生相，还是落在对待的状态。所以必须超越这些所有的对待，进入无待的境界，才能够真正的逍遥。否则就像那个鹏，要等到风大才能飞得了，这就是有待。列子很厉害了吧？可还是要"御风"，没有风不行，这还是有待，不是真正的逍遥。所以，庄子的见地是绝待，是真正的自由，是大自在，这才叫逍遥。这种逍遥必须是无我，只要有"我"，就有对立面，就已经落入对待的境界。所以，当你认为自己很厉害的时候，你的"我执"已经很膨胀，你肯定是有待，已经不自在了。

"若夫乘天地之正"，这个"正"实际上就是道，就是本体，"乘天地之正"，即与道相合。老子说，"人法地，地法天，天法道"，"法"就是依赖，天要依赖道而动；"道法自然"，道按自己的状态在运动，不需要依赖任何东西，所以是真正的自在。这就是《道德经》中所描述地道的境界。

"若夫乘天地之正"，就是说一旦无我了，炼神还虚、与道相合了，这样的人才能超越天地，就能"御六气之辩，以游无穷者，彼且恶乎待哉"，就已经绝待了，这就是至人，所以至人是最高的，是无我的。神人从气的层面进入神的层面，有功是在气的层面，是一种能量的形式，"神人无功"，就是要超越气进入神。圣人无名，即圣人在有形世界里，对于有形的物质基本上已经不执着了，不去求了，但是还没到气的层面，进入气的层面才算神人。超越了神进入道的层面才能算至人。这就是庄子描述的次第，其中暗藏着道家精、气、神、虚、道的次第，大家自己看看修到哪儿了。是小周天，还是大周天呢？还是到了炼神的境界？炼神是无我了吗？入虚还道了吗？所以庄子交代得很清楚，看起来很散漫、很庞大，重复，但事实上很有次第，这就是道门的内核，《逍遥游》的核心。

我们这样一看就明白，道家的见地非同一般。老庄的时代中土还没有佛法，等佛法传进来说"诸法无我"，庄子早已提出"至人无己"。而且，庄子把生命真理解析得很透彻，层层次第，形修、气修、神修，所以道门讲精、气、神，形有三修、气有三修、神有三修，依次第而进，这个修行的过程所达到的境界，那都是真自由、真逍遥啊！不是我们自己一点儿心理暗示啊！这是真的，不是开玩笑，所以连彭祖都只能算夭折。

然而我们现在境界不到，看不见真正的高人。往往什么层次的人就和什么层次的人玩儿，看不见真正的高手是怎样的。所以，元代的王重阳看见唐代的吕洞宾，还跟他学道，你知道吕洞宾活了多久吗？哪天你修到了你就知道碰到吕洞宾也不是没有可能，这就是神化，是"以游无穷者，彼且恶乎待哉"的至人境界。

庄子划分了至人、神人、圣人三个层次。从我们的角度来解读，这讲的是道家修炼的境界，形、气、神三个层面。圣人是在"形"这个层面，就是游历于世间，入世但不追求名利，心胸很宽广，为国为民为老百姓着想。如果是得道之人，这种就是菩萨，如果不是得道之人，那就是不求名利的真正的大智慧者，但是这种智，相对于神人来讲，在庄子的划分中肯定是低一点儿，是对有形世界的一种管理者，或者像尧这样的皇帝或者国家的国师，或者修行的形修已经达到一定境界，开始超越有形。神人已经不在有形的世界，已经在"神"的境界，出神入化的境界，所以在"气"的层面还是有做功的，有能量，像前面说的列子御风而行，泠然善也，这些都属于神人，他有功，但他已经不执着功了，已经从气进入神的层面。至人已经是"神化"的境界，从神入虚合道的境界，是在道的层面，至人。这三个层面修行的境界是不一样的。

道门的修行也是这样，形修、气修、神修三个层面。形修就是把我们的身体修得棒棒的，或者说相当于地仙。仙有地仙，可以长寿，形的三修已经完成；神人相当于人仙，气的三修已经完成；至人，神的三修已经完成，已经超越了自我，无我，由神还虚合道。

接下来，庄子进一步描述至人的境界，是什么样的心态、怎样为人的。

尧让天下于许由，曰："日月出矣，而爝火不息，其于光也，不亦难乎！时雨降矣，而犹浸灌，其于泽也，不亦劳乎！夫子立而天下治，而我犹尸之。吾自视缺然，请致天下。"许由曰："子治天下，天下既已治也，而我犹代子，吾将为名乎？名者，实之宾也，吾将为宾乎？鹪鹩巢于深林，不过一枝；偃鼠饮河，不过满腹。归休乎君，予无所用天下为！庖人虽不治庖，尸祝不越樽俎而代之矣。"

尧，就相当于前面讲的圣人，是一个国家的管理者，在我们的身体和修行的境界来讲，是我们的意识，是管理我们的身体的。这个层面属于圣人的层面，很有智慧，把国家管理得很好。但是，他一看见许由就不一样了。他说："日月出矣，而爝火不息，其于光也，不亦难乎！"太阳、月亮已经出来，我们还点蜡烛、烧点火，取点光，那和太阳光比起来不是很可笑吗？这个尧很谦虚，把自己比喻成蜡烛，把许由比喻成天上的日月，就说光辉很足。"时雨降矣，而犹浸灌，其于泽也，不亦劳乎！"天降大雨，而我们还拿着水瓢去舀水浇田，这不是自己累吗？"夫子立而天下治，而我犹尸之"，你许由只要站在那里，天下就治理好了，我还像傀儡一样去当皇帝吗？"吾自视缺然，请致天下。"我觉得自己实在是不够格，还是请你来治理天下吧。这是说尧明白，我们的神才是主宰，意识要让位，这是一种修行的境界。

所以，现在我们都以为自己很聪明，很会管理自己的身体，一个国王管理一个国家，事实上武则天一听说惠能就马上去请，惠能不来，她马上说大师您在那里修行已经帮我管理天下了，已经很了不起，不用来已经把天下管理好了。这就是武则天的境界，就和这个尧一样。因为她知道惠能开悟了，是一个得道者，他就坐在那里，天下就太平了，根本不需要去管，所以说"夫子立而天下治""而我犹尸之"，所以尧的境界已经很高了，起码他看懂了许由。我们现在很多人连自己的神在哪里都不知道，天天以为自己的识神很聪明，推理来推理去，分析来分析去，根本不知道自己的神灵在哪里。这就是圣人和神人的差别。庄子讲东西非常美，非常潇洒，实际上是很连贯，不会脱节的。前面整个篇章讲了道家的境界是怎么回事，怎么修出来的，又讲了境界的特点，现在进一步说明，用故事的形式打比方。

尧想请许由来治理天下，许由就开始讲："子治天下，天下既已治也"，意思是你管天下已经管得很好了。"而我犹代子，吾将为名乎？名者，实之宾也，吾将为宾乎？"那我还去管，那我不是求名吗？古代，在最远古的时候，每一个部落有三个人才能成立：第一个人，酋长，也就是尧，管理者的角色；第二个，巫师，就是修行功夫很高的，代表我们的灵性；第三个医生，管这个肉体的病痛。现代我们讲智商、情商、灵商，我们的生命就是由这三个东西构成。古时候的部落也是由这三个方面来管理，没有这三个部门是很难成立的。许由说，我代你去管理，那不是求名吗？事实上，我又不是管理这一块的料。

"鹪鹩巢于深林，不过一枝；偃鼠饮河，不过满腹。"一只小鸟，在那么大的丛林里面能占据多大地方呢？不过是一根树枝，怎么住也住不了多少。就像我们人一样，就算是一个皇帝，能住多大地方呢？一个寺庙的方丈不过就是一平方丈，住不了多少。偃鼠喝水，一条大河那么大随便喝，能喝得了多少呢？不过满腹而已。这是在描述肉体的境界，层次太低了，对于神灵来讲太低。特别是现代人，已经被西方文化洗脑洗得很彻底了，所以现代人都以肉体的追求为本，所以就追求名利，原因就是我们和偃鼠、鹪鹩的境界差不多，以肉体为本。

所以许由说"归休乎君"，"君"就是指尧，你还是回去吧；"予无所用天下为"，不要叫我去管国家了；"庖人虽不治庖，尸祝不越樽俎而代之矣"，厨师虽然不去做菜，我一个巫师也不能去做菜啊。也就是说刚说的三种角色，一个管理者不当皇帝了，那也不能让一个巫师去当皇帝啊。

庄子这是在描述什么？是修行的境界、层次，非常清楚。这是神人和圣人的差异。

肩吾问于连叔曰："吾闻言于接舆，大而无当，往而不返。吾惊怖其言，犹河汉而无极也，大有径庭，不近人情焉。"连叔曰："其言谓何哉？"曰："藐姑射之山，有神人居焉。肌肤若冰雪，淖约若处子；不食五谷，吸风饮露；乘云气，御飞龙，而游乎四海之外；其神凝，使物不疵疠而年谷熟。吾以是狂而不信也。"

连叔曰："然，瞽者无以与乎文章之观，聋者无以与乎钟鼓之声。岂唯形骸有聋盲哉？夫知亦有之。是其言也犹时女也。之人也，之德也，将旁礴万物以为一。世蕲乎乱，孰弊弊焉以天下为事！之人也，物莫之伤，大浸稽天而不溺，大旱金石流、土山焦而不热。是其尘垢秕糠，将犹陶铸尧、舜者也，孰肯以物为事！"

讲完圣人和神人，现在庄子开始讲至人的境界。所以都是衔接得非常好。又用讲故事的方式：

肩吾问连叔：我听接舆说了一个不着边际的事，就像天上的银河一样没有边，不符合人情，太不靠谱。连叔就问他，接舆说什么啊？肩吾说，接舆说有一个神人住在遥远的姑射之山，他的肌肤像冰雪一样，样貌如同处子，而且不吃东西，餐风饮露，我听了他的说法根本不信，他根本是瞎说。

接舆说的这个是描述什么？就是我们的本来面目，就是道，道就是我们的本来面目。庄子讲的这个是境界，他不是真的说有一个形如处子的人，并不是。他是在讲那个本体，道。肩吾听不懂，连叔就开始调侃他了，他说，嗯，对，眼瞎的人你怎么和他说文章呢？耳聋的人你怎么和他说钟鼓之声呢？更何况不是形体的聋盲，还有思想、知识的聋盲，意思就是骂他你纯粹就是无知，你不信就是因为你无知。接舆所描述的人，他的境界不是你能懂的。他是什么样呢？"将旁礴万物以为一"，也就是说根本没有分别心，在他看来万物一体，万物都是一。"世蕲乎乱，孰弊弊焉以天下为事"，而且他是处在无为的状态，天下事他不会去做的，不是用心去有为的，不用意识这种后天的思想，是不动人机的。

"之人也，物莫之伤"，这个本体，万物都伤不了它，不垢不净不增不减，哪能伤得了呢？《道德经》中描述，"独立而不改，周行而不殆"，本体从来没有变化，但是推动万物在转动，自己从来也没动过。所以"大浸稽天而不溺，大旱金石流、土山焦而不热"，大水、大火怎么能伤得到它呢？所以当你开悟，进入本体的状态，没什么伤得了你，所以前面说"神凝"，就是当你处在神凝境界的时候，你的身体是不可能有问题的，"使物不疵疬而年谷熟"，有一点儿毛病也会自己好。因为你处在道的境界里，一切都自然会修复、会转变。

所以，为什么描述这个神人是不食五谷，而餐风饮露呢？就是表示回到我们的本体的境界。当你修行到这个境界，你已经完全超越了肉体和意识的境界，在那个境界里面肯定是餐风饮露的。现在一般的辟谷，如果辟到第三天，已经开始燃烧脂肪，七天以后就开始启动一定的能量，如果你能够把经络系统打开，就进入神、气的层面，就可以开始呼吸精气，这个时候不会饿的，都是小事一桩。所以，处在本体的状态肯定是不食五谷、餐风饮露。这个状态就是《黄帝内经》中描述的"神游八极，视听八达之外"，就是"乘云气，御飞龙"，这也根本不算什么。但是，这个境界并不是说和我们离得很远的，我们本来就是这样，就是这么回事。

所以我们看庄子讲的东西，实际上和你自己的功夫境界是连着的，并不是什么虚无缥缈，它就在你的生命状态里，要这样去读庄子才能读出味道来，要进入境界去体会。他说的什么是至人？什么是神人？什么是圣人？为什么说尧的境界，许由的境界，最后提出一个姑射山的神仙的境界？为什么说至人是"乘天地之正，而御六气之辩，以游无穷"？这样从上到下一气呵成的很美的篇章，就是道家思想的核心内容。第一章就是告诉你怎么才是逍遥。只要你没有达到至人的境界都不逍遥，都是有待，都要依赖某样东西，而逍遥是道法自然，得道之后，一切都是按照本来的样子自然地运动，不需要依赖任何东西。

"是其尘垢秕糠，将犹陶铸尧、舜者也"，这个神人，随便搓一点儿泥甲，哪怕拉出来的大便，都可以制造出尧、舜这样的帝王。这是描述什么？就是道。这个姑射山的神人就是道，也就是至人的境界。连万物都是道造出来的，造一个尧、舜有什么困难的。所有的相都是道生出来的。"孰肯以物为事！"道是无为的，不会有为去做任何事的，所以是无为而无所不为，没有什么东西不是它生出来的，但是它又从来不去做任何事。我们从道家的思想来解读《逍遥游》，应该是这个意思。他是一个一个层次讲修行的境界，讲得很透彻，然后用很美的故事来描述。读庄子，如果你不懂得这些修行的内核，你就以为他是漫无边际地讲故事、讲神话，事实上不是，你修行修进去了你就知道，他不是讲故事，都是真的、都可以证实的。但是他是在境界里来讲，不要以为你的肉体拿去烧，烧不坏，不是这回事。

宋人资章甫而适诸越，越人断发文身，无所用之。尧治天下之民，平海内之政。往见四子藐姑射之山，汾水之阳，窅然丧其天下焉。

宋人拿了一些衣服和帽子到越国去卖，想不到越人断发、文身，根本没什么用。这是比喻什么？接着就解释了。尧这样一位治理天下的圣人，他一旦见了道，他就忘掉了自己，身体忘掉了，这才能够入定。他见了许由还没忘，见了姑射山的神仙、进到神的境界，就忘了，"窅然丧其天下焉"。所以人的意识思想再聪明、再有智慧，如果他不能忘记自我，他是见不了道的。反过来，见了道的人肯定忘我。这是庄子再次点评圣人、神人、至人这三者的境界。所以当你真正入道的时候，你才能够空，才能够明。只要你还在那里东想西想，哪怕见了许由，有了气感，从形修进入气修，有很多功力了，也还是不行，都忘不了自我，没有进入道的境界。只有进入本体，才能够忘掉自我。

从前面开始很明确地在讲修行，此地很清楚一路下来，讲这些关系。下面开始讲惠子的故事。

惠子谓庄子曰："魏王贻我大瓠之种，我树之成而实五石。以盛水浆，其坚不能自举也。剖之以为瓢，则瓠落无所容。非不呺然大也，吾为其无用而掊之。"庄子曰："夫子固拙于用大矣。宋人有善为不龟手之药者，世世以洴澼絖为事。客闻之，请买其方百金。聚族而谋曰：'我世世为洴澼絖，不过数金。今一朝而鬻技百金，请与之。'客得之，以说吴王。越有难，吴王使之将。冬与越人水战，大败越人，裂地而封之。能不龟手，一也，或以封，或不免于洴澼絖，则所用之异也。今子有五石之瓠，何不虑以为大樽而浮乎江湖，而忧其瓠落无所容？则夫子犹有蓬之心也夫！"

惠子谓庄子曰："吾有大树，人谓之樗。其大本拥肿而不中绳墨，其小枝卷曲而不中规矩。立之涂，匠者不顾。今子之言，大而无用，众所同去也。"庄子曰："子独不见狸狌乎？卑身而伏，以候敖者；东西跳梁，不避高下；中于机辟，死于罔罟。今夫斄牛，其大若垂天之云。此能为大矣，而不能执鼠。今子有大树，患其无用，何不树之于无何有之乡，广莫之野，彷徨乎无为其侧，逍遥乎寝卧其下。不夭斤斧，物无害者，无所可用，安所困苦哉！"

惠子和庄子是同一个时代的人，两人是好朋友。二人的对话中，惠子代表的是意识层面、思想层面，惠子本来也是一位国师，谋略家，琴棋书画都是一流，但这些都是世间法，在道门里都只是属于术，不是真正的大道。惠子就觉得庄子说的那些都是虚无缥缈的，根本不知道是真的假的。因为他没有进入那个境界，是不了解的，所以产生了二人的对话。这是庄子在描述，一个意识界的人是无法了解道者的境界的。

惠子说，魏王送我一个大瓜的种子，我种了以后结了一个很大很大的瓜，做舀水的瓢，拿不起来，实在太大，没有地方装，实际上是讽刺庄子，你尽讲些虚无缥缈的，说的那个道，根本没用，我根本用不上，琴棋书画、搞点谋略还实在一点儿。这就是惠子的境界。

庄子就说，哎呀，你太不知道真正的大是怎么回事了。就又讲一个故事。宋人世世代代染布，染布的时候有一种药，擦了之后手就不会被水伤，天冷的时候也不怕手裂。有个客人知道了这个药，就想买这个药，付一百金，这时宋人这个家族就开始开会商量了，我们世世代代染布，所得也不过数金，现在一天就有一百金，想想发大财了，就卖了。客人得了药以后，就游说吴王趁越国这个时候各方面实力都比较弱，赶快攻打，而且故意在冬天引越国军队入水而战，果然越人大败，吴人因为都涂了药，就打赢了。这个卖药的客人就得裂地而封，分到了土地。所以同样一种药，不同的人用，差异很大。你这个惠子得了这么大一个瓜不会用，就和这有药的宋人差不多。既然这个瓜这么大，你剖开做船不就得了，还怕没地方用吗？"则夫子犹有蓬之心也夫！"蓬，是指莲蓬，比喻我们的心是有窍的。我们的心有七窍。

惠子听庄子这么讲了之后，又说一个故事。说我有一棵树，叫作"樗"。这棵树虽然大但是弯弯曲曲的，没办法直起来，尺子量不了，根本不规矩，做桌子做什么都做不了。这棵树在道路旁边立着，那些做家具的木匠路过看都不看。庄子你今天说的话就像这棵树，大而无用，所有的人听了都跑，意思是庄子讲的东西都是废话。

庄子回答，就开始调侃惠子：你没见过那个小狐狸吗？你就像个小狐狸，心里很多谋略，狡猾得很，算计得很厉害，这里跳跳那边跑跑，这里抓一点儿那里偷一点儿，搞来搞去，人家设个圈套，就掉进去了。还有一种很大的牛，大得像垂天的云，但它就只是大而已，不能像狐狸一样抓老鼠。意思是暗示惠子，我说的那个看似大而无用的境界虽然不会人为的谋略，但是可以解脱生死，可以解脱人生的苦恼。"今子有大树，患其无用，何不树之于无何有之乡，广莫之野，彷徨乎无为其侧，逍遥乎寝卧其下。"今天你拥有了这棵大树，却还不懂得用，你何不树之于无何有之乡？为什么不进入无为的境界、进入道的境界去体会一下呢？你进到里面你就知道什么叫逍遥，那是超越了一切痛苦烦恼，了了生死。"不夭斤斧，物无害者"，世间没有什么东西能够伤害到他，这就是老子说的"不入死地""无所可用，安所困苦哉"，虽然好像没什么用，但是还有痛苦吗？

这是庄子在描述至人的境界，惠子肯定听不懂，所以庄子就调侃他像小狐狸，看不懂大道的境界。这就讲完逍遥游了。一个层次接一个层次，地仙、人仙、天仙，用很多故事打比方，形修、气修、神修怎么修，到什么境界，火候怎么把握。境界的结果，三种人是什么境界，用各种故事来比喻。借一篇《逍遥游》点出无何有之乡。一进入这个境界，国家也忘了，皇帝都不愿当，连意识都出不来，就不会分辨，就空了，进入一种定境，在那种空定的状态中有一种光明，然后就可以洞见很多东西，根本不用思辨，这叫彼岸的智慧，根本不需要此岸的智慧。

齐物论

《逍遥游》中，庄子提出了三个不同层次的境界：1. 圣人无名，圣人是形修的境界，要超越形的层面，就是"无名"；2. 神人无功，神人是气修的层面，功是气在做功，要超越气就是"无功"；3. 至人无己，这是在神的层面，要超越自我。第二篇《齐物论》承上启下，开篇抛出南郭子綦的故事。

南郭子綦隐几而坐，仰天而嘘，荅焉似丧其耦。颜成子游立侍乎前，曰："何居乎？形固可使如槁木，而心固可使如死灰乎？今之隐几者，非昔之隐几者也。"子綦曰："偃，不亦善乎，而问之也！今者吾丧我，女知之乎？女闻人籁而未闻地籁，汝闻地籁而未闻天籁夫！"

子游曰："敢问其方。"子綦曰："夫大块噫气，其名为风。是唯无作，作则万窍怒呺。而独不闻之翏翏乎？山林之畏佳，大木百围之窍穴，似鼻，似口，似耳，似枅，似圈，似臼，似洼者，似污者。激者，謞者，叱者，吸者，叫者，譹者，宎者，咬者，前者唱于而随者唱喁，泠风则小和，飘风则大和，厉风济则众窍为虚。而独不见之调调，之刁刁乎？"子游曰："地籁则众窍是已，人籁则比竹是已，敢问天籁。"子綦曰："夫吹万不同，而使其自己也，咸其自取，怒者其谁邪？"

一天，南郭子綦正在打坐，坐的状态，是"隐几而坐，仰天而嘘，荅焉似丧其耦"。"耦"，指我们的身体，像个木偶一样的东西，

"似丧其耦"，好像已经把身体忘掉了，这是形容南郭子綦已经进入了无己的状态，已经忘掉了自我。南郭的侍者颜成子游，看见师父这个样子就问："何居乎?"你这身体里到底居住了什么，使你会出现这样的状态啊?子游看不懂，因为从没见过谁是这个样子，不知道这副躯体里到底是什么，能够使一个人"形如槁木"，像一个木偶、一根朽木一样没有生机。"而心固可使如死灰乎?"心，根本不动，像死灰一样，就是说"我"已经找不到，已经看不到平时的南郭子綦了。"今之隐几者，非昔之隐几者也。"你今天打坐的这个状态，和平常的都不一样。颜成子游觉得南郭子綦今天这个样子很特殊，感觉很奇怪。

南郭子綦回答说："偃，不亦善乎，而问之也!"嗯，你问得很好。今天的我是什么状态，我告诉你："今者吾丧我，女知之乎?"今天"吾丧我"，也就是说，子游平时认识的那个子綦，是"我"，是子綦的"我"，不是子綦的"吾"。"吾"，是真主宰，"我"是假主人。

南郭子綦"吾丧我"的状态，就是《逍遥游》中"至人无己"的境界。这个"己"，就是平时有私心的"我"。每个人都有一个"我"，这个"我"最善于控制、占有，善于分析、推理，与世界处在一种对立的状态，所以它就要对事物进行解剖、分析。因此，"我"只能是越战越勇、越来越强大，然而越战越勇的时候就越来越痛苦，占有得越多失去得就越多，就不停地烦恼，这就是"我"的特点。今天南郭子綦"吾丧我"，他把那个"我"丧掉，找到了真主宰，也就是说他已经明心见性，已经开悟、悟道了，道才是真主宰。这个故事庄子是要点出谁才是"天地之正"，即《逍遥游》中提出的"乘天地之正，御六气之辩"的那个，到达了那个境界才是真正的至人。所以《齐物论》一开篇就描述给我们看，至人的状态是怎样的。

南郭子綦接着说："女知之乎?"你知道吗?"女闻人籁而未闻地

籁，女闻地籁而未闻天籁夫!""籁"，就是主宰。你听说过主宰人的是什么吗？你懂得主宰地的是什么吗？你又知道主宰天的是什么吗？老子说："人法地，地法天，天法道，道法自然"，意思就是人之籁是地，地之籁是天，天之籁是道，道之籁是它自己。道没有对待，不需要依赖任何东西，而是按照本然——自己本来的样子运化。除了道之外，其他东西都是有待，即都是被别的东西所主宰。

这一节庄子把生命之真君点出来，然后告诉我们一个人修行到什么境界才叫开悟得道。什么境界呢？首先要无我，要"吾丧我"。"吾"，上面一个"五"，下面一个"口"，开悟的"悟"，"吾"加一个竖心边。开悟了没有啊？你的心找到"吾"了没有啊？"吾"和"我"不一样，平时我们用的都是"我"，一天到晚总是"我要怎么样怎么样"，那你的"吾"怎么样你知道吗？找到"吾"了吗？忘我而见吾，这才是至人境界；找到了真主宰，才是真正的高境界，才是"逍遥游"。

《齐物论》，开篇就这一个小故事，抛出天籁、地籁、人籁三籁，而且直接点题"逍遥游"，本篇全篇的核心也就在这里，庄子真是精彩至极。古人讲经，肯定是一开头就把核心抛出来，不会有什么多余的啰唆。庄子一上来就讲道是真正的主宰，把这一点先拿住，再看"吾"和"我"是怎么回事。所以，要开悟才能齐物，否则怎么可能齐呢？用"我"去看，能够齐吗？"我"就开始分辨了，就谈是非、谈好坏、谈成败，若是进入"吾"的状态，还有这些东西吗？没有。所以只有在"吾"的状态才能够齐物，这就把本章的核心点出来，点出来之后就开始讲天、地、人三籁以及它们之间的关系，是谁依赖谁的。

子游又问，"敢问其方"，这三籁是怎样的呢？子綦回答："夫大块噫气，其名为风。""大块"就是大地，"噫气"就是大地的呼吸，给它取一个名字叫作"风"。其实就是我们平时看到风在吹，庄子认为这些都是"大块噫气"——是大地吹出来的，所以叫"地籁"。

"是唯无作，作则万窍怒呺"。没吹的时候，是静；吹的时候就出现"万窍怒呺"的状态，这"万窍"指的是什么呢？

"而独不闻之翏翏乎？山林之畏佳，大木百围之窍穴，似鼻，似口，似耳，似枅，似圈，似臼，似洼者，似污者"，这是描述这些空窍的形态。什么样的窍都有，甚至窗户关得不好，风一吹都会有叫声，这就相当于各种各样的乐器，好像西方的交响乐。这样风一吹，就都叫起来，而且不同的形态就产生不同的声音，"激者，謞者，叱者，吸者，叫者，譹者，宎者，咬者，前者唱于而随者唱喁，泠风则小和，飘风则大和，厉风济则众窍为虚，而独不见之调调，之刁刁乎"，这就形成了一种和声，就是地籁之音，有的人听到这种声音就觉得害怕，而会听的人就觉得是很美的交响乐。就看你会不会听，也要看这个风是"泠风""飘风"还是"厉风"。

这一段是要讲什么？这些窍发出各种各样的声音，但是其实不是它们自己在叫，而是有一个主宰，空窍自己是做不了主的，这是地籁。那么庄子描述地籁是想告诉我们什么呢？比方我们现在在讲话，但实际上不是自己在主宰，而我们都以为自己在主宰，其实根本不是，后面还有更大的真主宰，只是你不懂而已。

子游说："地籁则众窍是已，人籁则比竹是已。""比竹"，好像吹笛子一样。这是说我们的嘴巴在说话、眼睛在放光，六根的各种功能，实际上根本不是"我"在主宰，这就和吹笛子相似，是有一个人吹着它才会令它响，这就是"人籁"。

但是子游搞不清楚什么是"天籁"，所以他说"敢问天籁"。这是子游听完子綦的回答之后，自以为懂得了地籁和人籁，但他不明白天籁。这时子綦就回答"夫吹万不同，而使其自己也"，意思是所有的万物都是天籁吹出来的，而且令这些各种各样的万物都以为是它们自己，"咸其自取"，自己认为"我就是我"，但是实际上都是天籁吹出来的，而自己却不知道，所以你要反省啊，"怒者其谁邪？"真正吹出万物的主宰是谁啊？我们每一个人实际上都不是自己的主宰，你背后有一个主宰，你认得吗？

这一段内容，我们看看《阴符经》中讲到"禽之制在炁"，就是说万物是被气所控制的；又说"八卦甲子，神机鬼藏，昭昭乎近乎象"，这就是我们的古人，居然可以用八卦、甲子来描述气的变化。所以我们每个人出生的那一天，八卦、甲子定下来，八字一排出来，其人的秉性、将来的情况等，基本跑不掉，这是天籁，天已经把你控制住，你的命就已经定了。再加上你出生的地点，也就是地籁，再加上你的基因、你的父母，也就是人籁，这天、地、人三籁一定下来，你这个人还跑得去哪里？完全就给控制住了。然而，你还自以为自己能做主，事实上一切早就已经注定了，这就是命。

所以孔子说，三十岁还很努力，四十岁就发现不对，发现原来真相不是我努力来的；五十就知天命，就知道一切都不是我主宰的，自己的一生早就是注定的；六十就耳顺，就不去分别了，别人讲什么他都说对，嗯，是的，正确；七十闻道，就是懂得有另外的主宰，懂得根本没有"我"，那个"我"根本做不了主，也就是"吾丧我"，最后"朝闻道夕死可矣"。那个"我"就死了，一闻道"我"就死了。然而"我"虽然死了，但吹出来的气并不一定随着"我"的死就消失，所以还可以行尸走肉。所以修行说死，并不是肉体死，而是心死，是"我"死，那个"吾"并没有死，"吾"还在吹呢，那股气还在那里动，所以你的气数未尽你不一定死。

这就是说，要想开悟，首先要死个人，死的是谁呢？是"我"。一旦悟了那个"吾"，"我"就要死掉了。所以道门修行的口诀"木人动，觅主公"，就是说我们自己像个木偶一样，谁在主宰呢？你要去找那个主人。有时候练功这里气动一下，那里气动一下，那是谁在主宰呢？这个身体只是木偶而已，"我"只是木偶而已，你的心性全部被天籁主宰着。一生下来，你祖上的基因、成长的地理环境，你的性格就已经定了，你的习性就已经跑不掉了，你的生命模型就已经定了，都是天籁所定。这些并不是讲讲，都是真的。

所以你懂了这个道理，才能齐物，要不然你就自以为是，总在分辨，这是对、那是错。其实这些都不是你主宰，只不过是主宰搞出来的交响乐。好比我们今天聚在一起，就是开了一个交响音乐会，每个人发出不同的声音，连笑的声音都不一样。那么如果你懂得庄子说的这个道理，就不会那么执着，就会去参悟那个本来，当你安住在本来的时候就不会那么去分辨。

接下来，庄子就批判那些分辨的人、分别心强的人，是多么累啊！我们平时有"我"的时候是很累的。累是怎么来的？

大知闲闲，小知间间。大言炎炎，小言詹詹。其寐也魂交，其觉也形开，与接为构，日以心斗。缦者、窖者、密者。小恐惴惴，大恐缦缦。其发若机栝，其司是非之谓也；其留如诅盟，其守胜之谓也；其杀若秋冬，以言其日消也；其溺之所为之，不可使复之也；其厌也如缄，以言其老洫也；近死之心，莫使复阳也。喜怒哀乐，虑叹变慹，姚佚启态；乐出虚，蒸成菌。日夜相代乎前，而莫知其所萌。已乎，已乎，旦暮得此，其所由以生乎！

人人都以为那个吹万出来的"我"是自己，"咸其自取"，这样产生"我执"以后，就形成各种生活的形态。这一段庄子就开始描述"我执"如何生活。有大智慧的是如何，有小智慧的又是如何；大言是怎样，小言又是怎样；睡觉的时候是魂交，醒过来的时候是形开。这是描述这些人生百态。然后和人、和万物接触的时候，"与接为构，日以心斗"，天天用心来斗，钩心斗角，因为有我执。有了"我"之后，与万事万物沟通交流的时候肯定就有心机，这个心机就在斗争。斗争时候的各种形态就是"缦者、窖者、密者"。然后有"我"就有恐惧，因为害怕这个"我"受损失，就生出名利得失之心，于是"小恐惴惴，大恐缦缦"；而且"我"还怕死，因为"我"认为得生不容易。

"其发若机栝，其司是非之谓也"，人心一动的时候肯定就讲机关、讲布局、讲是非，这是对那是不对，这是错那是不错，就开始分别，这样就开始越来越累。"其留如诅盟，其守胜之谓也"，心留在里面没往外攀缘的时候也在斗，内心自己在斗争、东想西想。这么一辈子下来，天天在消耗自己，就是"其杀若秋冬，以言其日消也"，把生命给耗尽。

"其溺之所为之"，这个"我"所爱好的、沉溺在其中的东西，"不可使复之也"，没有办法拔出来，心根本收不回来。所以，我们的习性使我们深深地迷在里面，根本没办法超越自己的习性，这就是江山易改，本性难移。这个生命模型、格局一出来，根本改不掉，就迷在里面，所以你有你的个性、他有他的脾气。

"其厌也如缄，以言其老洫也"，这样一直把自己耗到老了，令自己的身心走向死亡，"近死之心，莫使复阳也"，没有办法再复阳。所以小孩儿的心与老人的心比较起来，小孩儿的心是充满阳气的，因为小孩儿是没有心机的，是很坦荡、很自然的，不动太多的人机，一天到晚跳来跳去，走路都是跳着跑，因为阳气很足；老人的心机就太多了，整个脑都耗光了，脑髓都用完了，脑都开始萎缩，这就是"近死之心莫使复阳也"，根本没办法恢复到孩童的那个状态，更谈不上回到道的状态。

修行，就是把人心返还到天心的状态，这叫复阳。所以前面庄子所讲的是在告诉我们，要从人机返还到天机，否则用人机搞来搞去，全是钩心斗角，把自己的生命都耗尽。所以神仙的眼神都像小孩儿，很纯，不可能像那种老态的、混浊的眼神，甚至贪婪的样子，因为人机动到一定时候就变成老态，走到这种程度你的阳气根本就回不来了，恢复不到婴儿的状态。

"喜怒哀乐，虑叹变热"，人机的喜怒哀乐的情绪变化导致你又焦虑又哀叹，结果身体里面都怄出东西来，一般中医说的"郁热"，也就是炎症，就是这么来的。当这种情绪的东西展现出来的时候，其形态有时候很轻浮，有时候很低落，"姚佚启态"，可以有各种状态。"乐出虚",有的时候快乐,大喜大乐,把阳气耗散;"蒸成菌",有时候闷闷不乐,闷在里面,把里面都蒸热了,蒸出菌来,按现代语言来说就是细菌,生出很多细菌,生病了。

所以现在很多人郁闷、抑郁,闷着闷着就闷出炎症来,中医就是说身体里有湿热,肝脾就不调,实际上就是庄子描述的这个现象。所以关键要会复阳,复阳的关键是无为,要从人机转换成天机的状态,或者说不动人心,从人心回到道心的状态,这才能够化解这些东西。相反,如果不开悟、不明白真主宰,无法回到道,是很难化解、很难跳出来的。

"日夜相代乎前",世间人天天就是这么折腾,日日夜夜这个"我"就重复地按前面描述的那种样子斗争,"而莫知其所萌",而根本不知道自己背后的主宰是谁,还很自以为是,根本不知道有个"吾",就以为"我"是最大,根本不知道脑袋里的想法是从何而来,还以为是自己想出来的。

所以有时候我们打坐,坐在那里想法很多,其实很多想法都不是自己搞出来的,你根本不需要理它,和你没关系,有时人家想出来的,你也会有感应。最近这段时间,连八九十岁的老人家也想炒股,为什么?整个天空中弥漫的都是股的信息,整个国家的人天天都在想这个,你说他能不想吗?他躲得了吗?就算是闭关躲在山洞里都会有这种信号,你信不信?它是从虚空中进来的,根本看不见。有时候人家想你了,然后你莫名其妙想到那个人,你刚拿起电话想打那个人的电话,结果那个人的电话就打过来了。所以,很多事情根本不是你自己想,而是对方想到你,"一说曹操,曹操就到",就是人家想要来,当你的灵魂感应到,你不自觉地就开始说这个人。

这些都是说明我们的很多想法其实不是自己想的,我们一定要注意,当你懂得这一点,你就不太在乎这些想法了,不然,你就老想控制,说"我不想!"你怎么控制?你又不是主宰。人家的能量如果比你大,信息一过来,你跑得掉吗?如果有个人天天想你的话,肯定想到你烦死了。"已乎，已乎，旦暮得此，其所由以生乎！"我们已经得到这个生命，每天都在用，但你知道它从哪来吗？庄子还是在提问，真主宰在哪呢？你要去参悟。

庄子在这一段中把人们的生活模型描述得清清楚楚，而且明确地指出，我们根本不是主人，自己还不知道，人们只不过是吹万吹出来的。所以千万不要以为有一个孔吹出来的声音很美妙，若没有风吹那个孔，根本一点声音都没有。主宰到底是谁？不是你呀！若不是那股气过来，你还有生命吗？所以生命根本不是我们认为的那样。就好像现在天地间的五运六气一变化，湿气一来，很多人的湿气就重，你说你怎么做得了主呢？做不了主，最多躲一下，换一个地方。但是换到别的地方又有别的东西来左右你。

此外还有家人、有六亲，上有父母下有子女，你又躲不开了。还有很多事情，所谓"人在江湖，身不由己"，想跑也跑不了，根本做不了主。所以很多人说出家，出什么家？哪个能放你出家？天生下来就是父母的儿子，出家就变成不孝，那你的内心就被缠绕，这些东西就是命。所以想要跳出这一切束缚，你只能就地超越，找到那个真主宰，否则躲到哪里你也都是在烦恼中，就被那个"我"折腾。我们绞尽脑汁地想个什么招、作个什么法能够避开障碍，没有那么容易的，都是你的命，所以只有自我超越，找到那个本来。找到本来之后，你所有的生活和原来一样，但是你的心很自在，生命就能复阳。所以关键是把人心转化成道心，"人心惟危，道心惟微"，人心是斗争，道心是无为，这是很不一样的。

人心转化成道心的关键在于"吾丧我"。《齐物论》一开篇就开始说"吾丧我"，丧失那个自我，让它没有了。天籁、人籁、地籁，庄子用一种自然的想象来比喻我们的身体、语言、想法和动态。我们的身体就像一个空窍，我们的思想实际上不是我们自己主宰，而是像风吹那些空窍发出的声音一样。往往我们不知道这个道理，不知道真正主宰我们的是什么，还以为是自己主宰自己，所以东想西想，欲望重重，"乐出虚，蒸成菌"，根本都不知道自己的心这样闷着都已经生出菌来，而往外找乐子的时候就虚掉了。这些喜怒哀乐、虑叹变慹，就一直在消耗，最后心都迷掉了，自以为是，把自我膨胀得很厉害，以为一切都是自我在控制。所以这个"我"，庄子一开篇就说要"吾丧我"，要找真主宰，忘掉"我"。现在我们反过来，是"我忘吾"，因为我们把这个肉体看成"我"，然后肉体的所有的感受，以为是我们自己，每一天就为这个肉体奔波，被这个"受"所转，被这个"形"所转。

非彼无我，非我无所取。是亦近矣，而不知其所为使。必有真宰，而特不得其朕。可行已信，而不见其形，有情而无形。百骸、九窍、六藏、赅而存焉！吾谁与为亲？汝皆说之乎？其有私焉？如是皆有为臣妾乎？其臣妾不足以相治乎？其递相为君臣乎？其有真君存焉！如求得其情与不得，无益损乎其真。一受其成形，不亡以待尽。与物相刃相靡，其行尽如驰，而莫之能止，不亦悲乎！终身役役而不见其成功，苶然疲役而不知其所归，可不哀邪！人谓之不死，奚益！其形化，其心与之然，可不谓大哀乎？人之生也，固若是芒乎？其我独芒，而人亦有不芒者乎？

上面是形象的描述，现在开始讲道理。

"非彼无我"，"彼"在这里指"吾丧我"的"吾"，也就是说没有"吾"的话，根本没有"我"，那个"我"根本存在不了，也就是说，"我"是"吾"生出来的。"非我无所取"，没有"我"的话，"吾"也展现不出来，展现不出"吾"的功能。所以万物万象是道的展现，没有道，所有的天、地、人出不来；反过来，天、地、人是道的展现。

"是亦近矣"，懂得这个道理就已经开始进道了，"而不知其所为使"，若不懂得"我"是被谁驱使，就见不到"吾"，就变成"我丧吾"，颠倒了。

"必有真宰，而特不得其朕"，现在我们总在怀疑到底有没有那个"吾"呢？如果真有那个主宰的"吾"，为什么我们都不知道呢？一点儿消息都摸不到呢？"朕"就是信息。意思就是"我"老是搞不清楚"吾"在哪里，只知道有"我"、有肉体、有万物，却老是没见那个"吾"。但是有时又发现"吾"的一些动态的信息，"可行已信，而不见其形，有情而无形"，好像感受到有个"吾"在主宰着自己，因为发现很多时候的确自己主宰不了自己，但是那个主宰自己的那个，有情、有信息、有动态感，却又看不见，是无形的。这是庄子带着我们一步步参悟，到底有没有那个"吾"。

"百骸、九窍、六藏、赅而存焉！吾谁与为亲？汝皆说之乎？其有私焉？"现在庄子带我们用"我"来参"吾"，参到肉体上来了。我们全身的骨头、上下九窍、五脏六腑，哪一个是真正的你呢？肉体不外乎这些东西，你现在找一找，你最亲近的是谁？是都喜欢、都亲近吗？有觉得最好的吗？

"如是皆有为臣妾乎？其臣妾不足以相治乎？其递相为君臣乎，其有真君存焉"？这些肉体的各个部分，相互之间能互相调节吗？哪个控制哪个呢？肉体里到底谁是真的主宰呢？有真的君主吗？这么找下来，发现找不到，肉体的各部分都不是真的主宰。难道都是归我们的肉团心管吗？

现代医学可以给心脏病人换一个人工心脏，涡轮的心，这种人摸下去都没有脉，心根本不跳，他照样活。所以肉团心怎么可能是主宰呢？最近新闻说有一个准备换脑袋的，其实应该说是换身体，相对来说，脑袋应该是身体的主宰，但是其实也不是真宰。

"如求得其情与不得，无益损乎其真"，这么一路问下来，你到底知不知道那个真主宰在哪里？你知道也好，不知道也好，和那个真主宰没什么关系。也就是说，"我"是否认得"吾"，与那个"吾"没有关系，你认不认得，"吾"依然如故，从来没有变化过，从来没有离开过你，你想让它多一点儿或少一点儿都不可能，这是"吾"

和"我"的有关系。同时也是告诉你，"吾"和肉体没有关系。

但是说它们没关系，前面又说了，"非我无所取"，事实上都是"吾"生出来的。虽然生出你，但是并不代表它就减少了。这就是道，"独立而不改，周行而不殆"，从来没有变化过。在庄子这里就是"吾"，在老子那里就是"道"，都一样，就是那个"吹万"的主宰，一切都是它吹出来的。这个主宰你要去找、要去参悟，但是不论你认不认得它都一样，没有变化，只不过是你的心态、心境不一样，那么你的人的状态就不一样。不认得的时候就开始自寻烦恼，所以庸人自扰。

我们现代的人总在追求这样、那样，以为自己很成功，"小恐惴惴，大恐缦缦"，一天到晚搞这搞那，就是因为执着这个"我"，忘记了"吾"，所以我们就烦恼。这样的过程，庄子接下来继续阐述：

"一受其成形，不亡以待尽"，一旦有了一个"我"，没死就等着要死，反正就是不断地消耗。生，往何而去？生的另一端就是死。这就是一个对待的关系。所以我们打出生那一天就开始等死，整个生命的过程就是这样，生的目的地就是死亡。那么在死之前，生命在消耗的时候是什么状态呢？

"与物相刃相靡"，一天到晚和万事万物在那里斗争，"其行尽如驰，而莫之能止，不亦悲乎！"这个动态就好像不断地奔驰、奔腾着一样，根本停止不了，悲哀啊！"终身役役而不见其成功"，一天到晚在劳碌、在忙、在奋斗，我们平时走路都像和地球在斗争一样，从来没有不被奴役的时候。"苶然疲役而不知其所归，可不哀邪"，一辈子都这样疲劳，都是这样被奴役着，不懂得回归自己的本来，这难道不悲哀吗？！

"人谓之不死，奚益！"人就是喜欢生，怕死，但是如果不死又有什么好处吗？"其形化，其心与之然，可不谓大哀乎？"我们的身体，这个身形，是不断变化的，所以当我们的心执着这个形的时候，就跟着形一起化，身体感受不同，心就感受不同，悲哀关键就在这里。所以当我们身体的气很足的时候，我们就感觉这个世界非常好；气一衰的时候，哎呀，这个世界太差了，太悲哀了，我不想活了。人的心就随着形化而变化，所以老的时候和年轻的时候心态是不一样的。年轻的人老想未来，年纪大的人总回忆过去，两种气场是不一样的，因为形不一样。所以有病的和没病的也不一样，状态完全不一样，这就是形化。在这个形化的过程中，我们的心就跟着形跑，所以非常悲哀。

"人之生也，固若是芒乎？"芸芸众生，都是这样迷失的吗？"其我独芒"，还是说只是我自己迷失在这个肉体上，迷失在这个世间，"而人亦有不芒者乎？"而是否有人并不是迷失的呢？庄子就提问，是不是你自己"芒"，而人家不"芒"？是否是你自己迷失了本来，而有人并未迷失本来呢？所以庄子在讲这些的时候一直在透破，让你明白那个本体，让你了解那个道，让你看到本心，让你参悟那个本体在哪里。

前面讲了一大堆故事，描述了很多图像，告诉你万物的动态，后面都有一个主宰。我们现在都以为这个形体是主宰、是自我，我们在思考、在想，其实你都不知道你的所思所想其实都不是自己在想。人的很多想法其实都是被设定的、被暗示的，千万不要以为都是你自己想出来的。摆出一个这样的相给你，很快你就肯定这样做。所以千万不要以为你能够主宰你自己。你的那个妄心，只要你一执着有形，肯定是这样的形态。除非你找到真宰，能够如如不动，那么你不被转，否则你肯定被境转。所以我们现在很多人以为自己是主人，其实根本就不是，你的那个"我"不是主人。只要你那个"我"是有变化的，就不是主人，主人是不变的。

夫随其成心而师之，谁独且无师乎？奚必知代？而心自取者有之，愚者与有焉！未成乎心而有是非，是今日适越而昔至也。是以无有为有。无有为有，虽有神禹且不能知，吾独且奈何哉！

这一段承接前面的内容，是讲那个真主宰，也就是本体，就是道，就是本心。"夫随其成心而师之，谁独且无师乎？"我们要舍掉"我"，把"吾"、把那个真宰作为自己的老师，要这样去修行，而且每个人都有这个真宰。"奚必知代？而心自取者有之？"只要你自己去寻找，体会到它，以它为你的老师，这样就必然能够成这个本心，否则就是活在妄我之中，就在"我执"里打转。"愚者与有焉"，再愚蠢的人都有这个本心，都有"吾"，迷得再深都有个真心，并不是只有真人或者某一个人才有。"未成乎心而有是非"，就是因为我们没有成这个本心，不是本来的那个"吾"，所以我们就开始有是非，否则的话你根本没有是非。这使庄子在描述本体的状态。"吾"的状态是没有是非的，但是因为你没有成就这个本心的状态，所以你就有是非。

"是今日适越而昔至也"，今天要去一个地方，实际上以前你就已经到了。这句话是在说什么？讲《六祖坛经》的时候我们讲过一个公案，两个小和尚在争，到底是风动还是帆动啊？六祖说，仁者心自动。所以你说要去哪个地方，到底去了吗？是你的心动了而已，是因为你有是非，你才看见自己去了，而你的本心是从来没动过的。

"是以无有为有。无有为有，虽有神禹，且不能知，吾独且奈何哉！""无有为有"的这个道理讲给神禹听他都听不懂，我能怎么办呢？这是庄子很感叹。因为这个境界太高了，一般人根本理解不了。就是说，我今天到这个地方来，我前天已经到了，我讲这个连神禹都听不懂，就和那两个小和尚一样，看见帆在飘，就总在那里争，到底是风吹帆动，还是帆自己动啊？

这就是众生。所以你和他说今天到这里来，前天已经到了，众生怎么听得懂呢？老子说"独立而不改，周行而不殆"，意思是道推动了天地在转，但是道从来没动过，我们看了觉得这怎么说得过去呢？这就是众生的见地。因为你用的是"未成之心"、你用的是那个"我"、用的是思辨、用的是阴六根、用的是凡胎肉眼来看这个世界，你看到的当然是这样。如果你处在本体的状态，就会知道什么叫从来没动过。这是庄子直接点出来，这个本心必须成就啊！成就之后一定是这样的境界。

禅宗的境界与庄子是一样的，禅宗就是庄子，六祖的思想与庄子完全一致。禅宗里讲"步行骑水牛，空手把锄头。人从桥上过，桥流水不流"，就是庄子"今日适越而昔至"的道理，一般人怎么破得了这个公案？所以禅宗的公案在庄子这里早就有先例了，而且他说得很清楚，你那个心到底成了没有？如果你是未成之心，就有是非，这是假的，妄心，不是真心。因为没成真心所以你看到的世界是虚幻的、无常的、变化的；如果成了真心，那就不一样，就明白现在看到的世界是一种思辨的产物，是"仁者心自动"，是你的心动产生的，并不是万事万物在动。这一段大家看到，庄子的见地究竟是怎样的。这一段是应和前面讲关于本体的内容。

夫言非吹也，言者有言，其所言者特未定也。果有言邪？其未尝有言邪？其以为异于鷇音，亦有辨乎？其无辨乎？道恶乎隐而有真伪？言恶乎隐而有是非？道恶乎往而不存？言恶乎存而不可？道隐于小成，言隐于荣华。故有儒墨之是非，以是其所非而非其所是。欲是其所非而非其所是，则莫若以明。

前面讲本体，现在开始讲言语，也就是我们的思想。老子讲"名，可名，非常名"，"名"就言语，可以言语的，都不是永恒不变的东西，都是无常的。"夫言非吹也"，这是说一般人自以为是，以为他自己的言语和吹万出来的不一样。"非吹也"，这是"我"的特点，"我"就认为自己讲出来的东西和其他东西被风吹出来的声音不一样，"我"说的，是有意义的，这就是一般人的想法。

"言者有言，其所言者特未定也。"你说出来的话，是一种言语，但是它真的很有意义吗？那个意义是什么呢？这个意义是没有办法确定的。"果有言邪？其未尝有言邪？"真的有言吗？还是没有呢？

庄子直接和你探讨。"其以为异于鷇音，亦有辨乎，其无辨乎？"你的声音和那些风吹孔窍发出的声音有区别吗？你真的以为不一样吗？庄子向你提问，让你参悟。

所以就是刚才讲的，"我"是很自以为是的，以为自己的言语很有意思，其实根本不知道自己是傀儡，说出的言语也不过是傀儡搞出来的，根本不是真实的，不是真主宰，不过是人籁，就和笛子被吹出声来是一样的。你自己以为你的言语很有意思，庄子就告诉你，实际上你那些言语没什么太多意思，你自以为是而已。这里是用反问句，前面讲了那么多，庄子想你应该懂了，不用确认了。你连今天来昨天就已经到了这个道理都搞不懂，这个你还搞得懂吗？所以，他先否定你的言语是有意思的。

世人总是觉得自己说得对，那如果你的对，一定有别人的不对，是非就开始来了。庄子就告诉你这些是非都是虚幻的，都是没有意义的，你以为有意义的东西实际上一点儿意义都没有，你事实上都是被控制的。这就好像一个影子，被身体所控制，然后身体又被别的东西控制。我们一生下来就被八字控制，被天地所控制，所以人被地控制，地被天控制，天被道控制，这些根本不是你能看见的，你的命运早就已经被主宰，所以你不去寻找背后的老板是谁，还自以为自己说得很有道理。

"道恶乎隐而有真伪？言恶乎隐而有是非？"因为我们不见道，看不到道，看不到真主，看不到我们的本体，所以就用我执，当成"我"，这时就有真伪。道隐，就是"吾"不见了，"我"出来了；"我"一出来，就肯定有真伪，就开始思辨、分析，哪个对哪个错；真伪一出来，就根本看不见真主，根本不清楚主宰在哪里，还以为自己是主宰，这时肯定就分辨，一分辨这个对那个不对，然后很坚定自己的意见。道隐了，真言也就不见了，出来的就是假言，那当然有是非，有真伪就肯定有是非，所以"我"搞出来的肯定有是非，在"吾"的境界就肯定没有是非。

"道恶乎往而不存？"这是说，道从来没动过，那是本体。我们为什么觉得有动态呢？是因为我们不在道的境界，我们只在"我"的境界，就看不到道，就只懂得风动幡动，而不知本体。"言恶乎存而不可？"这时就觉得言语是很真实的存在，而且和人家比较、谈论，彼此的观点怎么样。"道隐于小成"，只有"我"才会讲成功，道从来没有什么成功不成功。那个"我"就是要追求某种东西，然后搞定了就叫成功，搞不定就是失败，所以一在"我"的境界，这个道就不见了。"言隐于荣华，故有儒墨之是非"，所以各家总在争论你的不对我的对，这就是两端对立，因为有了"我"就有对立面，然后自以为自己的对，别人的不对，就开始论是非。"以是其所非，而非其所是"，就是两个人你说你的对、我说我的对，你说我的不对、我说你的不对，两派就在这样斗。

"欲是其所非而非其所是，则莫若以明"，你总在争论谁对谁错，还不如"莫若以明"，这是庄子提出一个结论。不如忘掉这些是非，进入本体，把无明破掉，回到本来，"莫若以明"，就是还其本来面目，不要去谈那些是是非非。因为你根本不知道你的言语、行为，其实都另有主宰的，根本不是你想出来的那回事。所以人各有命，后面都有主宰的，你之所以烦恼是因为你不知道背后的主宰，如果知道的话你就不烦恼了，就能够随遇而安、活在当下，否则你老在想我需要什么、我要达到怎样才成功，生活在"我"的状态里，那就变成天天在搞事、搞成功，就和前面讲的一样，一生就被劳役，没有停止，到死那天也不知道自己活着干吗，还自以为很有意义、很成功，或者就是老觉得不成功，当了皇帝都还是烦恼。其实哪有什么成功不成功，只要生活在"我"的境界里面你永远都会烦恼，因为你就是生活在幻觉里面。这就是庄子的表达。

平时我们练打坐，其实一打坐的时候，心里面就在想这个对那个不对，每天心里面就在想：嗯，明天我要怎么样、后天我要怎么样。结果，到了明天，根本不是你想象的那样。所以这些言语、想象，没什么用。但我们就是喜欢生活在过去或者未来，就是不能活在当下，脑子就是不停，这就是"我"，"我"就是这个特征，不是跑到过去就是跑到未来，就在那里两头窜，连吃饭都在想。除非那个东西很好吃，一吃到美食就觉得当下很幸福；有时候到大自然去，突然间被那个美景所震慑的时候，啊呀，周身通泰！所以我们现在连一刻都安住不了，都在晃啊晃，不是过去就是未来，很难有一刻能够真实地活在当下，很难！然后都很自以为是，觉得自己很了不起，自己是世界上独一无二的。所以这个"我"很善于忽悠人，欺骗你，你自己却不知道，先吹捧你一把，"我是世界上独一无二的"，然后就开始折腾你，"我"就是善于欺骗。

那么，庄子看得很清楚，一上来就说"吾丧我"，然后提出有个真宰，再告诉你言语也是虚幻的，所以不用去论什么是非，是非对错都是没有意义的，"莫若以明"。庄子这个境界太厉害，从一开始《逍遥游》提出至人的境界，一路下来描述"吹万不同"，引出这个真主宰，再下来，让你明白那些言语实际上都毫无意义，言语其实就是我们的妄心。所以如果你真正理解了庄子，你肯定就懂得法，懂得修行的法则，所以我们说"明理即法"，把理搞透了，法就在里面，不用再追求什么这样的、那样的方法，这就是经典，是《南华真经》。法搞透了，你坐在那里就要体会什么是你背后的主宰，一层层地透破，你自然就会不一样。

所以在生活中也要这样，你切记不要执着好坏、善恶、对错这些两端的东西，那是因为有"我"，才产生这种观念。我们要去体会背后真正的东西，这一切都是它在导演，这样你就随遇而安，能随遇而安你才能真正体会生命的喜悦，否则根本没办法体会。我们之所以身体不舒服，可以说都是因为无法安住在主宰的状态，老想抵抗，老是不愿意安住，不是想这样就是想那样，你就会纠结，就会烦恼，烦恼了以后就会把你耗尽。

比如你偏头痛的时候就说明你的心在纠结，就是中医说的少阳。

少阳是半表半里，对应着你的心态就是一下子想这样，一下子想那样，纠结时间长了以后相对应的少阳胆经就出问题，这是一定的。这些毛病全是因为你的心不安，所以生病还是因为心病，因为你不能安住，东想西想。女孩子容易得少阳症，因为很容易纠结，原因就在这里；男的就容易得太阳少阴病，因为开太过，老在冲，就病在太阳那里，然后受打击被压抑了就病在少阴那里，总是这样来来去去，这就是其中的道理。

我们的心就是这样的特点，你身体虚的时候容易被外邪进入，是因为你的心虚了。心不虚，你的正气就很大，邪气怎么进来？进不来。心一乱，就开始出问题。比如睡觉睡不着，你为什么睡不着？你的心睡不着。睡觉是先睡心，身体躺下了，心根本不睡，你怎么睡得着？身子躺下来，心还在被物所转，想这想那，那怎么睡呢？睡不了的。翻来覆去地纠结，神就乱，神一乱气就乱，气一乱身体就不舒服。这些东西大家慢慢去参悟，如果能够"吾忘我"，病自然就好了。这就是《黄帝内经》说的，"恬淡虚无，真气从之，病安从来？"如果你的心能够调整到虚无的状态，身体里面的真气自然就出来，天地的真气就和你在一起，这个时候病自然就好，病就没有了。

我们就是进不到虚无之中，因为我们根本就不相信庄子说的东西，而很相信我们现在所看见的东西，觉得很实在，活在形而下，所以人家一说今天来这里昨天就到了，你一听，觉得人家是疯子，你肯定会这样想。人家说桥流水不流，我就只看见水流哪有什么桥流？根本不会相信。原因是什么？就是已经被这个肉体所忽悠，相信的是你的肉眼，根本不相信有个真我，你也不去体会，天天在肉体上下功夫，叫你进一刻虚无的状态都进不了，根源是在这里。所以庄子太厉害了，"莫若以明"啊！现在我们耗得太惨，天天疲于奔命，一天到晚从东跑到西、从西跑到东，就这么东东西西、西西东东地折腾，庄子说"大哀啊"，所以如果你找不到本来，人生真的太悲哀。你好好地参，就会发现的确是很悲哀，你活了那么久，烦恼永远没断，自己反思一下，真的是很悲哀。

物无非彼，物无非是。自彼则不见，自是则知之。故曰，彼出于是，是亦因彼。彼是方生之说也。虽然，方生方死，方死方生；方可方不可，方不可方可；因是因非，因非因是。是以圣人不由，而照之于天，亦因是也。是亦彼也，彼亦是也。彼亦一是非，此亦一是非，果且有彼是乎哉？果且无彼是乎哉？彼是莫得其偶，谓之道枢。枢始得其环中，以应无穷。是亦一无穷，非亦一无穷也。故曰，莫若以明。

《齐物论》讲到这里，庄子已经讲了很多故事，描述了很多现象，不断地阐述那一个真宰，也就是生出一切的、世间万物的主宰，要找到那个本体，找不到本体的话，都是在皮表外象上做功夫。下面庄子进一步深入地探讨，从我们的身体入手，这百骸、九窍、六藏，探究下来，没有一样是靠得住的，那么真正的主宰究竟在哪里？

"物无非彼"，人认识一个物体，这个物体对于我们来说首先是一个对象，这就是"彼"。所有的一切，家人、朋友、物品，任何一个相，都是"彼"，"物无非彼"。"物无非是"，"是"就是我们心里的认知，如果没有这个"是"，就不会认识这个物，这就是物和心的关系。"自彼则不见，自是则知之"，如果没有"是"，没有心的认知，这个物、这个"彼"，自己是见不到自己的，而因为你有这个"知"，才能见到这些世间万象。"故曰：彼出于是，是亦因彼"，所以"彼"是因为你有个知，"是"就是你能够知道的那个知，有了这个"知"，你才知道有个"彼"，反过来这个"是"，就是你能够知道一切对象的那个知，也是因为有"彼"才能知道。这就是探讨心和物的关系，是哲学问题了。西方哲学提出唯心主义、唯物主义，庄子这里讲，心和物是分不开的，你懂得有物肯定是因为有心，反过来没有物也显不出你的心，意思就是心物这两个东西是不能分割开来看的。所以，世界到底是唯物主义，还是唯心主义？庄子说，你这两个都是不对的。没有物显示不出心，没有心哪里来的物？所以，他认为心物是分不开的。

"彼是，方生之说也"，心和物，是生死之说，意思是心和物是一个对待，是对立统一的，心、物本身是一对矛盾，或者说阴阳的两面，用辩证法来看，两者之间是对立统一的，不是绝对的某一边。从这里我们看到中国文化在古代就已经把这个辩证法搞得很透，根本不管唯物主义还是唯心主义，这个心物就是不二的。

"虽然，方生方死，方死方生"，既然是这样，心和物就好像生和死，到底哪一个先啊？去讨论哪一个先，是没有意义的。刚刚生了就死了，刚刚死了就生了，到底哪个先？意思是说，唯物呢？还是唯心呢？辩论这个是没有意义的，根本不用探讨。"方可方不可，方不可方可；因是因非，因非因是"，这些都是对立的两面，都是辩证的，"是以圣人不由"，所以圣人根本不去论哪个先哪个后，"而照之于天"，就是根本不用思辨，是怎么样就是怎么样。这是庄子的思想，他不去和你辩论是是非非。这家说这是对的，那家说那是对的，哪个对哪个错也是一个是非，这个是非对庄子来说没有意义。现实是怎么样，就"照之于天"。

这一段事实上庄子在里面还蕴含有深意。前面庄子提出了一个主宰，我们的思想和物象是分不开的，而我们以为自己能做主，产生了一个想法，以为是自己想出来的，庄子说那不是自己想出来的，是因为你在这个环境，因为有"彼"，才有你这个"是"，反过来，因为有你的"是"，所以才认识这个环境，这两者事实上都不是你的真主宰。换句话讲，庄子话中有话地告诉你：什么心和物，这些都是幻觉，这些心物的背后还有个东西呢。所以现在我们一打坐，"哎哟我的脑子在想"，想这想那，其实你的想根本不是你主宰的，连你做梦也不是自己主宰，莫名其妙地梦就来了，这些都是刚才说的心、物，在那里互相倒来倒去。但是你要找到那个道，那个道是什么？变化而从来没动过，那个是本体。庄子是要你去找那个本体，找那个真宰。

"亦因是也。是亦彼也,彼亦是也。彼亦一是非,此亦一是非。果且有彼是乎哉?果且无彼是乎哉?"这些是是非非是真的吗?真的存在吗?"彼是莫得其偶,谓之道枢。"心和物是一个对立,是"二",也就是"偶"。"莫得其偶",意思就是你要消除这些心和物的对待,不要有"二",要进入一个不分别的状态,不要动妄心。人心就是喜欢分别这是对的、那是错的,庄子认为这都是生活在幻觉里,而没有找到真君。庄子说,你要消除这些对待,你就会进入"道枢",道的枢纽。

"枢始得其环中,以应无穷",进入枢纽,才能证入空性,才有空性见,有了空性见才能够应无穷。所以《孙子兵法》里说,"阴阳燮理,其机在空",一切事物都是一阴一阳,这是抽象地来看,阴阳可以代表的事物很多,前面说的是非、争执,这些都是阴阳。这个阴阳是相对的,但是机关在哪里呢?在空,"其机在空",这就是孙子兵法的要诀。整本《孙子兵法》那么多方法,真正的要点这一句话就全部说完了。所以你要进入空性见,不要落在两端,这些是非对立的东西,都是在不断变化的,方生方死、方死方生的,永远都没有停止,你要懂得抓住那个空性的状态,不要被它转动,那么才能够"以应无穷"。这就是庄子的思想,孙武就学了庄子这么一点,就已经很厉害了。

"是亦一无穷,非亦一无穷也,故曰'莫若以明'",这些是是非非太多了,无穷的,根本算不清楚,所以你都不要去管它,就是进入空性的状态,然后就能够照见它的本来,"莫若以明",就是光明的状态。"不如莫若以明",还不如不分辨,然后看见一切事物是什么样就什么样,而不要去投射你的心,事先不要设定。事先设定一定是这样,那就完了,那你已经有是非了,有是非你看不到真相,你一投射,然后事实并不是你投射的那样,你就会找很多理由来安慰自己,而这些都是没用的,是幻觉。所以关键是心里不要先设定一种想法，事先不要有设定，要空掉。然后空中有照，这叫"以明"，用光明来照，而不是用思辨、不用"二"，不要两分法，而是处在"环中"——空性之中，来看阴阳的变化。

以指喻指之非指，不若以非指喻指之非指也；以马喻马之非马，不若以非马喻马之非马也。天地一指也，万物一马也。

这一段，庄子是在讲有和无的问题。"指"和"马"其实都是代表有，"非指"和"非马"都是代表无，意思是说，用一个有的东西去比喻一个无的东西，还不如用一个无，来比喻这不是有。所以道家认为，有是从无生出来的，站在空无的境界来看有，会更加清楚。所以庄子就比喻"天地一指也，万物一马也"，是说天地就是一个物，是一个有，万物也是一个有，万物也是"一马"。不管什么境况下，你不要落在具体的相上，不要分别得太细，你要进入空的状态，在那个"环中"里面去看，你就可以看清楚那个有的状态；而不要老在那里钻研、思辨，看着那个有的东西分辨：这是指，那是马，搞得很细，那你就看不见"大象"，只看到具体的小象。

如果你老是分别，用前面的话说，总是拿这个"是"和"彼"在那里折腾，那庄子就告诉你，还不如把这两个东西都忘掉，进入空性的状态。进入空性的状态，首先要无，要虚无，进入虚无你才能够真正空掉。我们现代人的脑子很累，不断地想啊想，连一刻也空不下来，如果你能空那么一刹那，你的智慧就产生，很多东西你就看清楚。可惜我们就是空不下来，我们总是喜欢比来比去，喜欢拿这个来比较那个、拿那个来比较这个，其实都还是有，拿有来比有，一天到晚比来比去、分析来分析去，人都累死，最后还是搞不清楚，因为看不到真相。所以以庄子为代表的道家思想，很精湛，提出首先要虚无，进入这种"环中"的状态，环中是空的，是枢纽，这是关键。

可乎可，不可乎不可。道行之而成，物谓之而然。恶乎然？然于然。恶乎不然？不然于不然。物固有所然，物固有所可。无物不然，无物不可。故为是举莛与楹，厉与西施，恢诡谲怪，道通为一。其分也，成也；其成也，毁也。凡物无成与毁，复通为一。

这一段是庄子《齐物论》的核心内容之一，就是在讲"齐物"。万物是一样的，叫"齐物"。那么，是在什么境界上看到是一样的呢？在道的境界。作为人的境界看万物的话，一定是不一样的。我们一般人之所以缺乏智慧，就是因为我们是用人见，不是道见。人见就看不到事物的本质，就有自己所谓的角度，不同的人就有不同的角度，结果就开始辩论。事实上如果是站在道的角度，万物都是一样的。所以"道行之而成"，就是说万物的生成，是因为道运生而成，物是因为道的这种运生而产生，叫作"物谓之而然"。那么，万物都是道生成的，所以都是一样的，没有什么区别。但是因为我们人心有分别，所以我们就"有之可也而可，有之不可也而不可"，就开始分别了。

"有之也而然，有之也而不然"，我们开始有"然"和"不然"，有"恶"（讨厌）、有喜欢。"恶乎然，然于然，恶乎不然，不然于不然。恶乎可，可于可，恶乎不可，不可于不可"，因为人们都有自己认可与不认可的东西，这样一来，我们的分别心就越来越强，就离开了道，就没有道见，全是人见。所以人见自然就看不到本质，就只看到事物的表象。所以"物固有所然，物固有所可，无物不然，无物不可"，事实上没有什么可不可，也没有哪一物不可，它们都是道生成的，都是一样的。我们每一个人，长相不一样，只是"吹万不同"而已，对不对？而"怒者其谁"啊？都是那个本体吹出来的。觉得每个人长相不一样，那是我们的分别心在看，事实上本体都是一个。这是庄子在讲齐物，而且他从来没离开过一开始讲的本体。

接下来，更加深入地谈，"举莛与楹，厉与西施，恢恑憰怪"，都是一样，不管他的外在表现是什么样，一个丑八怪和西施，这是我们人见觉得不一样，觉得西施漂亮；可能一个动物来看，就觉得那个丑八怪很漂亮而西施很难看，对吧？这就是你的见地不一样，你所站的角度不同。作为道来讲，万物是相通的。所以"分也，成也；其成也，毁也"，就是说你以为拿一个东西来做成另一个东西，真的是成功吗？本来人家很天然的一个石头，你非要把它磨成玉，然后你说我成功了，其实搞了一个玉出来，而毁了天然的石头，这个天然的美给你毁掉了，那到底哪个是成哪个是毁呢？讲不清楚。所以不要去分别，任何事物没有成与毁，"无成与毁，复通为一"，它该产生什么就产生什么，"莫若以明"，它产生什么都是对的。所以你不要烦恼，生成任何一个相都是正确的，因为都不是你搞的；你以为是另外一个人搞的，那个人的背后又有一个老板在指挥他，你都不知道。所以我们老百姓就想"嗯，这可能是某个领导人搞的"，领导人被天地指挥他自己也不清楚。他真的不清楚，因为他的心性一生下来就被天地设定，你能算得到吗？你可以看他的八字就算出他的天性吗？然后他必然有这种行为，你可以算出来。那他这个八字又怎么来的呢？天地设定的。天地又是道生出来的，那你能进入道的境界中去观看吗？

所以你必须不断地推，推演到他最后的老板是什么。然后，你就发现事实上都是同一个老板，然后你就安之若命了，也就是说，无论你碰到什么，你都觉得这是老天玩儿我的，你就和他玩儿。古时候的仙人就是和造物主做朋友的，他天天和造物主玩儿，总是很开心的，不管出现什么状态他都觉得很好玩儿，就像婴儿一样，很天真。所以真正的高人眼神一定像小孩儿，如果眼睛混浊、分别思辨，那肯定不是仙人，这个道理就在这里。所以是不是真人，关键在这儿，在于能不能够"复通为一"，成与毁，你能不能相通为一？达到了相通为一，成败对你来说是一样的，你都很淡定，都能够处在一种很泰然的状态，那就有希望得道，要不然你就很难得道。

唯达者知通为一，为是不用而寓诸庸。庸也者，用也；用也者，通也；通也者，得也。适得而几矣。因是已，已而不知其然，谓之道。劳神明为一而不知其同也，谓之朝三。何谓朝三？狙公赋芧，曰："朝三而暮四。"众狙皆怒。曰："然则朝四而暮三。"众狙皆悦。名实未亏而喜怒为用，亦因是也。是以圣人和之以是非而休乎天钧，是之谓两行。

　　"唯达者知通为一"，就是前面说的"复通为一"，就是要进入那个万物是一体的状态，都是道的产物。所以"为是不用，而寓诸庸"，"是"就是你的那个人心，你不要用你自己的心，而要进入空性的状态，"得其环中"的状态，不要老拿你的分别心、你的知识去分别、分析、研究，没用的，你还不如不用，进入空性的状态，那个"庸"指的是"环中"，就是"阴阳燮理，其机在空"的状态。如果这样去体会，就明白这些万物都是一体的，是是非非都没有什么好分别的。

　　"因是已"，当你这个心不用了，那么"已而不知其然"，不要去分别为什么。我们老喜欢问，为什么？怎么样？背后的原因是什么？其实不用问，"谓之道"，当你这个妄心"已"了，它不用了、不去分别了，你自然就不去探索为什么，它就进入道的状态，进入空性，就复通为一。在空性的状态，你自然有光明，你自然会洞见，这叫"莫若以明"，就是不要去分辨，进入状态，它自然就洞见那个本来是什么，它那个光明就会出现。

　　这就是此岸与彼岸智慧的差异。此岸和彼岸的智慧差异很大，我们这个人心，就是用分别的心理去分析，这叫此岸，达不到道的境界。我们用的是人心去分辨，你就进不到道的状态，没有道眼，你就看不见真相，所以庄子就不断在讲这个。

　　"劳神明为一"，就是我们用这种人心，劳我们的神明去执着一个东西，落在、局限在某个东西上，老在分辨它到底是为什么、为什么，就这么执着下去，"而不知其同也"，就忘记了这一切都是道生出来的、根本是没有分别的。这样你就空不了，你的执着就放不下，这叫作"朝三"。

何谓"朝三"？庄子说，就是那个养猴子的人，喂芋头给猴子吃，早上三个晚上四个，猴子们就生气了，养猴人就说，那就换成早上四个晚上三个吧，猴子全部都高兴了。这就是"朝三暮四"。其实"名实未亏，而喜怒为用"，就是其实没吃什么亏，但是喜怒就不同。意思是告诉我们，每个人都有命，你的财富人家一算就知道你有多少钱，那么好了，今天给你少拿一点儿，明天给你多赚一点儿，你就不舒服了，我要今天多赚一点儿，明天要少一点儿。庄子是比喻我们人就和那些猴子差不多，庄子在骂你呢。而道，就像那个养猴子的人。事实上庄子的意思是说，我们不要像猴子一样那么蠢，其实都一样，你这辈子就是喝这么多酒，今天多喝一点儿，明天就喝不下；同样，你想要贪什么东西，其实这辈子都是有定数的，就是那么多。所以名实而未亏，都是注定的，所以要懂得安之若素。反过来，我们和别人相处也要这样，尤其是对老人家，反正他这辈子也是吃那么多用那么多，他今天要多一点儿明天要少一点儿，今天要少一点儿明天就要多一点儿。你就不要去和他计较，要顺着他，这样他就很开心了，他是"喜怒为用"的，所以要顺着他，这叫"孝顺"，其实他也用不了多少。

这就是说，我们每一个人，就像《逍遥游》里说的那个小动物一样：去到江河里面喝水，就是饱腹那么点儿水。它能喝多少？喝完就跑了，拿那么多干吗？住的地方就一个窝，它能住多少？这辈子就住那么大，再怎么睡也就一个床；你再怎么吃也就一碗，你以为能吃得了多少？你吃多了就撑得慌，然后就生病了，没用的。所以"是以圣人和之以是非，而休乎天钧"，他根本不跟你讲是非，你爱是爱非由你，他都"和之"，他在环中应和你。你说对就对，他就是应你，"和之以是非，休乎天钧"，他是任由老天在均衡的，根本不用你去忙。所以你不要老用你的心在那里想来想去：应该搞这个，搞那个会好一点儿……你的心都不安。所以前面说"因是已"，要把你的心放下，才能够入道。

"已而不知其然，谓之道"，这是说，进入道的状态，进入空性，那么光明就出来，"莫若以明"。庄子说，这个处事的方法叫作"谓之两行"，两头都行，你爱怎么着就怎么着，你多一点儿也行，少一点儿也行，你说什么就什么，你不就是猴子嘛，我那些芋头就给你，你要朝三也行、要暮三也行，反正一样都是七个。其实老天自然就均衡，"休乎天钧"，由不得你。一切都有老天在罩着，是自然的反应，根本由不得你。

人体这个生理模型，你吃得了多少、做得了多少？所以我们就是不懂得这个道理，然后就贪。其实这个贪是因为我们的心，关键是心理，事实上你的生理上需要不了多少，但是我们的内心不安。为什么不安呢？是因为我们不懂得本来，不懂得回到那个本体，所以我们心不安。心不安是因为我们和世界对立了，不懂得大家都是一体的。要回到那个一体的状态里面，回不去的话你的心肯定不安，不安就需要别人的认同。你要认可我，不认可我我就批判，然后我还想控制占有一些东西，这些东西听我的，和我一起。我控制得越大，感觉我自己就安一点儿。但是过一阵子又不安了，于是又在扩充。所以我们的占有欲望是没有止境的，因为人心的不安是注定的。除非能放下，进入"环中"、进入"庸"的状态，"中庸"，是这个环的中，叫"中庸"，是空性，所以"喜怒哀乐未发谓之中"，喜怒哀乐没发的时候，是个空的状态。所以"中庸"是从庄子这里来的，他一个"庸"字就搞定了。"环中"，再加上"庸"，"中庸"。

所以庄子这个见地太厉害了，《南华真经》啊！那么我们学习庄子之后，要经常进入"无何有之乡"去修行，要想办法让自己进入空性的状态，你才能够有智慧。要不然，你的智慧都是"是"的智慧，这个"是"就和那个"彼"在那里折腾，然后就开始心啊、物啊，心心物物在那里转，就在外相上转，就进不到"中"，就不能

"应无穷"。

庄子讲东西就是太美了，他一步一步地在引导你什么叫"齐物"。所以这一章的核心是"齐物"，万物是一体的，没什么分别。现在我们已经很习惯分别了，这就是我们进不到空性状态的原因，老用我们的那个心，以为我们是自己做主的，在那里分析，然后总有个"我"在那里。其实你那个"我"都是不存在的，你去找是找不到的，不信你去找一下，你那个"我"在哪里？你老半天找不到，到底是在心呢，还是在脚呢？还是在手呢？都找不着。所以庄子非常厉害，这才是真正的道者。

古之人，其知有所至矣。恶乎至？有以为未始有物者，至矣，尽矣，不可以加矣。其次以为有物矣，而未始有封也。其次以为有封焉，而未始有是非也。是非之彰也，道之所以亏也。道之所以亏，爱之所以成。果且有成与亏乎哉？果且无成与亏乎哉？有成与亏，故昭氏之鼓琴也；无成与亏，故昭氏之不鼓琴也。昭文之鼓琴也，师旷之枝策也，惠子之据梧也，三子之知几乎，皆其盛者也，故载之末年。唯其好之也，以异于彼，其好之也，欲以明之彼，非所明而明之，故以坚白之昧终。而其子又以文之纶终，终身无成。若是而可谓成乎？虽我亦成也；若是而不可谓成乎？物与我无成也。是故滑疑之耀，圣人之所鄙也。为是不用而寓诸庸，此之谓以明。

这一段，概括来讲，庄子是告诉我们，世间法的所有一切，就如《道德经》中所说的，"可道"的，一定是"非常道"；"可名"的，一定是"非常名"。

"古之人，其知有所至矣"，上古的人，他们知道的东西达到了极限。"恶乎至？有以为未始有物者，至矣，尽矣"，就是说无中生有，已经达到了极处，到达了无极的状态。现在我们的认知，普遍都是在有的层面，很少能认识到有的来源，不知道是什么生出了有。"不可以加矣"，达到了无极这种状态，已经不可以附加了。其次，

"以为有物矣"，就是从无开始生有，无和有之间，我们叫作太极，进入有以后，叫有极。无极到太极到有极，"其次以为有物矣"，这就是进入有极了，"而未始有封也"，就是还没有边界。"其次以为有封焉"，就是开始有边界了，开始分别了，懂得每一部分分别是什么，这个有和那个有之间的差别是什么，各自有边界。有了分别、有边界了以后，刚刚开始还没有是非，"而未始有是非也"，再发展下去，"是非之彰矣"，是非就出来了，这样一来，"道之所以亏也"。

"道之所以亏，爱之所以成"，道一亏爱就出来，开始有分别、有是非，有了分别是非以后，我们就开始有爱好，有爱有恶，这个东西我觉得是对的，这个是"是"，那个是"非"，那我们就认为"是"是对的、"非"是错的，我们就讨厌"非"，喜欢"是"，人就开始分别。这样一分别，道就亏掉了，爱就成了。庄子这是在描述我们从先天转向后天、从形而上道化成有形万物的发展过程。

事实上，以一个小孩儿来举例就可以说明。婴儿刚生下来的时候，是处在一种无知的状态，就是无极的状态；慢慢地成长，成长以后，开始懂得认知，有物的概念了，这个东西、那个东西开始认知；再发展下来，他开始懂得分别了。所以婴儿时期是不懂第一人称的，有时候"我"和"你"都分不清楚，而当他会叫人、开始认知的时候，最先懂得的是第三人称，"爸"或者"妈"；等他有"我"的时候不得了了，他开始会说自己名字了，有"我"了。这个我执一出来，那个爱就出来了。"我喜欢这个""我讨厌这个""我不要这个"，就开始闹，人就是这样的发展过程。

那么浓缩来看，上古时代对于整个人类的发展历史来讲，就像婴儿期一样，整个上古到现在的变化，就像一个人一生的成长。当人在胚胎期的时候，是一个进化过程的浓缩、储存期，生命的信息都储备得很完整。所以所谓探索生命的本来，你不用去哪里找，不用去过去找，也不用去未来找，直接在我们自己的生命里就可以找到。这就是我们说的修行的"内观"，是可以看到很多远古的事情的。其实在我们的脊柱里面储存着很多信息，在我们的大脑里面储存着很多信息，如果你能够开启的话，就可以"生而知之"。也就是说，其实生命的所有东西都储存在大脑和脊柱里，所以关键是怎么回到储存期、怎么能够开启生命信息的问题。如果能够修行静定功夫，能够不断地恬淡虚无，能够返还，那么很多智慧就开发了。因为你的祖上已经有很多信息，你的祖辈们都学过很多东西，一旦开启这些信息，你就可以直接获取，这是真的。庄子对这一点是很了解的。

现在庄子告诉我们，分别、是非产生之后，就有爱，然后开始有成与毁。当我们年纪慢慢大起来，三十而立了，我们就要去做事了，然后就开始在意我们所做的事情是成功，还是失败。成功与失败，是一种人见，是世间法，本身是无常的，从生命本来来看，是不存在的，是我们人为自己认定的，是通过我们的好恶定出来的。

所以庄子说"果且有成与亏乎哉？果且无成与亏乎哉？"真的有成功和失败吗？还是没有成功和失败？他反过来问你。如果有成与亏，那就好像昭文之鼓琴，昭氏弹琵琶弹得很好；"无成与亏，昭氏之不鼓琴也"，意思是如果他不弹琴，他有所谓成功与失败吗？这个昭氏弹琵琶弹得很好，已经弹到很高的境界，在当时已经成名，甚至还载入史册，叫成功了吧？但这个真的叫成功？庄子提出问题。那么昭文弹琵琶，就相当于师旷打拍板（一种打击乐器），以及惠子弹古琴。在世间人见来看，他们三个人是音乐家，算是成功了吧？但是这个成功是没有什么意义的。你觉得很有意义吗？现在还听得到他们的乐声吗？听得到他们的琴音吗？你还认得他们是谁吗？根本不知道。这三人已经很厉害了，已经达到了鼎盛，"三子之知几乎！皆其盛者"，他们修炼这个音乐的境界已经达到了最鼎盛的境界。但是对庄子来讲，他觉得这有意义吗？这只不过是"吹万不同"而已。

所以庄子说"吹万不同"，就是说你根本不知道是谁给你成功的。惠子自以为了不起，其实只不过是他的命数刚好在这方面有专长，可能八字来说是"食伤格"，然后刚好那个时间段很旺，达到了鼎盛，其实没有什么了不起，这不算什么成功，这是世间法。所以并不是说庄子认为他们很了不起，好像已经达到神仙境界，并不是。庄子认为他们并没到神仙的境界，不过就是一种命数的展现而已。

"故载之末年"，就是说已经载到史册，世间来看已经很厉害了，"唯其好之"，只不过是因为他爱好那个东西，"以异于彼"，于是就和别人不一样了。你们三个爱好音乐，可能别人的爱好是喝茶，那如果叫惠子他们去和那个专门搞茶的人比，也比不过人家。所以"三百六十行，行行出状元"，并不是说只有你喜欢钻研的这个东西就叫成功，人家爱好的也叫成功，养猪的他也叫成功，没有哪个不成功的，只是你自己以为你特殊，其实那就是不同的爱好，命数、格局不一样。从八字命格来讲，有的人是食伤格，人家还有七杀格的，当警察或者是黑社会，那么每个人都有各自的格局，每一个格都会有鼎盛的时候。所以不要以大小论英雄，对于庄子来讲，当英雄是没意义的，他根本就不去比什么胜败、成功与否。

"其好之也，欲以明之，彼非所明而明之，故以坚白之昧终"，庄子就开始讲这个惠子，惠子自以为他自己很聪明，爱好辩论，搞一些是是非非的事情，以为自己很"明"，事实上他"以坚白之昧终"，以辩论这套东西，糊糊涂涂过了一生，根本不知道他自己要追求什么。他追求越大，表现出来就是觉得自己辩论越来越厉害，事实上根本毫无意义。关于这一点老子怎么说呢？就叫作"可名，非常名"。道家老子、庄子追求的是什么境界？至人的境界。那是道的境界，是不生不灭的境界。你一个生灭法，有什么好追求的？这是庄子的言外之意，意在告诉你一定要追求那个"怒者其谁"，要找那个真宰，那才有意义。搞一个琴、搞一个辩论，搞到水平很高，然后让世人记住，这叫成功？庄子说，不过是昏昏昧昧过了一辈子。这是搭错梯子——人生的梯子搭错了，庄子是这个意思。

我们现代人，都讲究有个人生观、世界观，那么追求什么呢？

这很重要。比如这位卢同学，想要成为神医，那么这就关系到他的人生观、世界观。到时候的确是名声很大了，变成"卢三针"，只要是任何病来三针就好了，那很牛了吧？这就是世间所谓"有所成"，对吧？然后庄子说，你这样就和那个没做任何事的人一样。所以"而其子又以文之纶终，终身无成。若是而可谓成乎，虽我亦成也"，庄子说我没有做什么，叫作"终身无成"，但不成也是一种成。"若是而不可谓成乎，物与我无成也"，其实万物和我，没有一个东西有成或不成，这都是人见，成或不成是一种人的见解，不是本来，只是吹万不同，根本没有什么成与不成。"是故滑疑之耀，圣人之所鄙"，真正的圣人，是进入前面我们讲的"得其环中"的、"阴阳燮理，其机在空"的这个境界，在这个境界里，发出的一种光明，洞见了真理，那个永恒的真理，这才是真的。这是圣人之所图。

所以到底人要追求什么呢？为什么我们老是烦恼呢？为什么成功了还是觉得烦恼呢？当了皇帝了，算成功了吧？还是烦恼！成了一代宗师，更烦恼！不管怎么样，都烦恼。为什么呢？这是因为他们没有找到本来。庄子说的"滑疑之耀"，指的就是本来闪出来的光辉，就是"得其环中"。

"为是不用而寓诸庸，此之谓以明"，"是"，就是自己心里各种各样的见解，不管你的内心怎么想，那些东西都是没用的，那是我执，都是一种意识界的见地，没用的。"为是不用"，就是说要把内心的见解都放下，"而寓诸庸"，而要进入空性的状态、回到那个"吾丧我"的状态，要把"我"放下，回到本来的"吾"那里，"此之谓以明"。所以庄子前面说"莫若以明"，进入一种空性的状态里，然后光明就出来。当你把那个"是"，就是妄心放下的时候，光明就出来了，你才能够有真知，否则你看的都是幻觉，走的全是世间法的路子，玩的全是无常的东西，没用的。庄子在讲这个。

所以我们现代人的烦恼，来自想要成功。不是在这方面想成功就是在那方面想成功，然后搞不定，烦恼了。就算是成功了以后，还不行，他又想更大的成功，这就是我执的控制欲、占有欲，不断地扩张，成了中国第一想成为世界第一，就想向世界挑战；等真正达到世界第一以后还是烦恼，他会想怎么我看不见人家看得见的东西呢？他会思考，他还是烦恼，他什么都想搞。所以人就是被"我"的欲望所指使，欲望是没有边际的，因为失去了一种整体，不能够"齐物"。因为不能"齐物"，就有分别；一有分别，就开始有对立，就有斗争，他就开始拿刀砍，砍的时候把人家砍倒，就叫成功，被人家打倒，就叫失败。然而能砍多少人呢？能砍多少事呢？能砍多少物呢？没有尽头的，对不对？

我们的现代科学也是这样，不停地发展，搞完地球想搞宇宙，反正就是永没尽头的。这就是庄子讲的，这一套有为的东西，始终都是烦恼，从古到今都是如此。所以庄子讲的道理，放在现在都讲得通，没有一个人不是这样。大家想想，我们从小在家里面，我们的父母、我们的学校，都是要把我们培养成成功的人，对吧？所以我们注定就烦恼，从小就开始烦恼了，这一辈子就这样。现在的学生背着一个重重的书包，填鸭式的教学，搞得整个人都傻掉了。而且每一个时代追求的东西还不一样，时髦的东西还不一样，这就是累啊！所以人生就是苦，苦就因为想成功，道理就是这个，执着是非成败，而找不到本来。所以只有"放下屠刀""回头是岸"，才能回到那个本来，就是只有这一条路，别的路肯定是不行。

这就是道家讲的"逆修"。什么叫逆修呢？从十修到九，到八……就一路修回去，修到一，还到无极的状态，"至极""至知"，回到无的状态。所以老子讲："抟气致柔，能婴儿乎？"他不说"有知识能婴儿乎"，对吧？现在我们追求的是有知识、有智慧，那个所谓的智慧是知识。真正的智慧是大智若愚，是进入一种婴儿的状态，空性的状态，那个智慧是一种彼岸的智慧。我们现在追求的全是此岸的智慧，都在那里斗争，拿着刀互相砍，越搞越累。

今且有言于此，不知其与是类乎？其与是不类乎？类与不类，相与为类，则与彼无以异矣。虽然，请尝言之：有始也者，有未始有始也者，有未始有夫未始有始也者。有有也者，有无也者，有未始有无也者，有未始有夫未始有无也者。俄而有无矣，而未知有无之果孰有孰无也。今我则已有谓矣，而未知吾所谓之其果有谓乎？其果无谓乎？

庄子前面说，成功与失败都是没有意义的，而要"莫若以明"，现在他对上面的论述进行一个收尾。"今且有言于此"，今天我说这些东西，"不知其与是类乎"？不知道你觉得同意吗？你和我是一类人吗？同意我的观点吗？他开始与你对话。"其以是不类乎？类与不类，相与为类，则与彼无以异矣。"不管你与我，"类"还是"不类"，是同意我还是不同意我，其实都一样。这一段，庄子笔锋一转，把前面所讲的又推翻了。

前面讲了世间法，也讲了出世间法，其实世间法也好，出世间法也好，都是一个法，都一样。庄子又开始反过来讲了。释迦牟尼说法也经常是这种方式，刚说完了法，然后说我什么都没说啊，事实上是在转换角色。也就是说，轮回和涅槃是一样的，有为和无为是一样的，有和无其实是一回事，他就开始转换了。永嘉大师说"梦幻空身即法身"，所以他一转换，只是你不了解，其实你做的一切，做和不做都一样，就是你有为也好无为也好，其实都是一回事。所以"则与彼无以异矣"，没有什么差别。那么不管是惠子认为他鼓琴很成功，还是我庄子认为我这个无何有之乡最好，其实都是一样的。庄子又回头来作点睛之笔，你要注意了。意思就是说，如果你去分别你就又落端了。当你去追求一个无为的时候，追求"无何有之乡"的时候，你已经落端了。其实两个东西是一样的，本质上都是道生出来的，"吹万不同"而已。

"虽然，请尝言之"，意思就是我就硬讲了。"有始也者，有未始有始也者"，开始的时候有一个东西，那个东西的前面还没生出来的那个东西，那个东西的前面还有东西，他的表述就是"有有也者，有无也者，有未始有无也者，有未始有夫未始有无也者"。所以中国文化讲"无中生有"，就是无界到有无界到有界，"有有"是有界，再上来是有无界，再上来是无界，而无界上面还有，你可以说是"道"。道突然生出了有无，"俄而有无矣，而未知有无之果孰有孰无也"，不知道这个东西到底是真的有，还是没有呢？"今我则已有谓矣，而未知吾所谓之其果有谓乎？其果无谓乎？"今天我所说的这些东西到底是说了，还是没说呢？庄子就开始否认了。

前面有了一个结论"莫若以明"，意思是批判一下惠子，现在又说其实我说的和惠子也没有差别，到底我说了没有呢？好像又没说哦。你说我说了，就相当于毁谤我。就和释迦牟尼一样，说法四十九年，其实一字未说，若有人说我有所说法，就是谤佛。事实上，这是要说什么？这是庄子不断地、深入地讲这一切能言的，都是"可名"的，是"非常名"的。庄子的意思是要说那个道，但是那个道没法说，所以我只能强名，硬讲。强名之后，又告诉你，"可道，非常道；可名，非常名"，只要我可以说出来的，肯定不是永恒不变的东西，肯定是无常的，是要表达这个意思。

夫天下莫大于秋毫之末，而太山为小；莫寿乎殇子，而彭祖为夭。天地与我并生，而万物与我为一。既已为一矣，且得有言乎？既已谓之一矣，且得无言乎？一与言为二，二与一为三。自此以往，巧历不能得，而况其凡乎！故自无适有，以至于三，而况自有适有乎？无适焉，因是已！

"天下莫大于秋毫之末，而太山为小；莫寿乎殇子，而彭祖为夭"，这是说世间的一切都是相对的。"天地与我并生，而万物与我为一。既已为一矣，且得有言乎？"其实万物都是一样的，"齐物"，既然都是一，还有什么"言"呢？所以"言"这个东西根本没有意义，是不存在的。

"既已谓之一矣，且得无言乎？"但你若说没有言，那也不对。"一与言为二，二与一为三。自此以往，巧历不能得，而况其凡乎！"如果这样不断推论下去，是没有穷尽的。巧历都测量不了，何况凡夫呢！

"故自无适有，以至于三，而况自有适有乎！"从无来看有，这么推，一直推到三，何况从有到有来推呢？那就是根本没有边际的，"无适焉"——是没有边界的。为什么呢？"因是已"，因为你用"是"、用妄心来推，不停地用人心在倒腾。"因是已"这三个字，就是最后的总结。也就是说，讲了那么老半天，我们总在用思想在那里捣鼓，那是永远也捣鼓不完的。而人们都喜欢逻辑，推来推去，到底是还是不是，在那里辩论，到底庄子说得的对还是惠子说得对？成功应该是对，怎么又变错了呢？这里又说"莫若以明"，又要"得其环中"，你庄子说的中庸那一套也不一定对啊，也只是一家之说啊。就这样搞来搞去，永远是以你的妄心在推，这就是"因是已"，这是关窍，是这几段的核心思想。最后庄子回过头来，指出了这一点。

这样论来论去，从一到二，到三，到万物，推来推去实际上都是用思想来推，没有意义，都是你的妄心在推。前面讲那么多东西，什么言语、成败等，都是用妄心在推，庄子说的时候，也是妄心在推，是没有意义的，但是又不得不说，还是要继续讲。但是核心思想是要把妄心去掉，把那个"我"放下，回到本来，"吾丧我"，找到那个本体。所以你想和庄子辩论，庄子先就告诉你不要辩了，辩来辩去都没有个底的。你说你的对，我说我的对，其实都没有意义，搞来搞去都是妄心，没有用。

所以古人和我们差异是很大的，古人一生下来最重要的事情是返还本来，今人从一生下来就是追求成功。所以现在的人你说去修道，很难的。因为生下来那一刻开始，父母、家庭就开始熏陶，就把孩子往成功的方向赶，然后就看现在社会上怎么样算英雄、怎么样算美女，然后男的就想成为英雄，女的就想成为美女，一辈子累死。而且现在很多修行的人喜欢辩论，其实讲来讲去都是因为无明，离开了光明的本来，所以庄子老说"莫若以明"，说"滑疑之耀"，你有这个"耀"吗？没有，只有无明。因为你用妄心，妄心是无明的，根本都没有真正的洞见。所以为什么说"照见五蕴皆空"？你有那个"照"吗？连一点儿光明都没有，还老在那里论来论去，这就是"因是矣"，都是那个"是"在那里搞。

所以我们要放下，要进入那个空性的状态，才能够"得其环中"。庄子说"为是不用"，就是那个妄心根本都不去用，"而寓诸庸"，而进入无为的状态、空无的状态，"此之谓以明"，这时就有明了。这是关窍啊！讲来讲去都是围绕这些核心思想在讲，讲前面那一大堆都是为了说这个。前面庄子和你辩论，绕来绕去，都是为了讲这个核心，如果你没把这个核心拿住，那就被他绕乱了，甚至很想和庄子辩一下，那就完全走偏了。所以庄子旨在点出关窍，他前后都是连贯的，每一节都有点睛之笔，都有一个点题，你要把握住。

前面讲"彼"和"是"，"彼"就是万物，"是"就是我们的妄心，心和物老在那里搞来搞去，庄子就告诉你，心物是不二的，说白了就是叫你不要去搞了，没意义的。最后又说"为是不用，而寓诸庸"，你辩来辩去，一生二、二生三，那都是因为"是"在那里搞，没用。这就是核心关窍，不要被文字绕进去，绕进去你就乱。

所以有人说庄子是中国禅宗的祖师，前面讲到"今日适越而昔至也"，今天要到的地方昨天已经到了，这个境界连神禹都搞不清楚，那我有什么办法呢？在这里他又讲"太山为小"，而"天下莫大于秋毫"，这就是禅宗。所以不管你用什么方法，有为也好、无为也好。有一天你进入那个状态，就对了。进入状态这个东西讲不清楚的，有的人就是因为有为，有为有为突然有一天累了，进去了；有的人反过来，有一天可能碰到一棵树也开悟了。比方牛顿的万有引力定律，真的是因为苹果砸下来就得出的结论吗？如果没有前面想了那么久，多少人看过苹果掉下来，也没见他们提出这个定律。所以关键是你前面的功夫做够没有，功夫做够了的话，突然间某个东西触碰了，那个时候就是天地给你灌顶，就那一刹那，可能一个狗叫了一声你就开悟了，那是狗给你灌顶。所以，是因为有前面那么多的铺垫才开悟。

开悟是一个明心的过程，是在一张纸上滴水，不断地滴，突然间最后有一滴水，"啪"一下，滴到这张纸上最后那一点没被滴过的地方，整张纸就破了，就是这么回事。但是你不要以为"哦，那我以后就学这个人，就这一滴就开悟了"，现在我们很多修行人，就只学最后那一滴，以为那个方法是最高级的，其实根本不是，人家在这之前已经修炼了那么久，最后以某种方式开悟了，你就想去学那个方式，根本不是那回事。而且有的开悟的人，他自己也不知道，甚至自己以为他就是最后那一下那个样子就叫开悟，他就出去教人了，结果别人怎么学他那一招，都不开悟，问题就出在这里。所以有道的人不一定会教人，庄子后面就讲了这样一个人，他虽然有道，但不会教。反过来，有很多会教人的，他没道。所以就是这么一回事，那就慢慢明心吧，明到了那一天也就见了性。所以根本没有方法，禅宗怎么可能有方法呢？

夫道未始有封，言未始有常，为是而有畛也。请言其畛："有左，有右，有伦，有义，有分，有辩，有竞，有争，此之谓八德。"六合之外，圣人存而不论；六合之内，圣人论而不议；《春秋》经世先王之志，圣人议而不辩。故分也者，有不分也；辩也者，有不辩也。曰："何也？""圣人怀之，众人辩之以相示也。故曰：辩也者有不见也。"夫大道不称，大辩不言，大仁不仁，大廉不嗛，大勇不忮。道昭而不道，言辩而不及，仁常而不成，廉清而不信，勇忮而不成。五者圆而几向方矣。故知止其所不知，至矣。孰知不言之辩，不道之道？若有能知，此之谓天府。注焉而不满，酌焉而不竭，而不知其所由来，此之谓葆光。

这一段是讲本体，以及当本体起用的时候，要懂得"齐物"，还是紧扣住这一篇的主题。因为万物是一体的，所以不论庄子怎么讲，转来转去还是在论证这个观点。

"夫道未始有封"，就是说本质上万物是一体的，是没有分别、没有边界的，是一个整体。"言未始有常"，不需要我们的言语来分别。"为是而有畛也"，"为是"，就是我们的妄心，有分别心，"而有畛也"，于是就开始有边界，就有所谓的八德。"请言其畛：有左，有右，有伦，有义，有分，有辩，有竞，有争，此之谓八德。"所以本来是齐物的，一体的，因为我们有了分别心，于是搞出了这八德：有左、有右，有各种次序的；然后有伦、有义，讲伦理的，有分，有辩，有竞，有争，这是斗争的、发展的，是动态的。

"六合之外"，"六合"就是上下、前后、左右，相当于"有"，是器世界；在这六合之外，那也就是所谓无形的世界，就是鬼神之类的。或者从三界的角度来看，有界、包括这个娑婆世界都属于六合，色界、无色界都属于六合之外，相当于这样。对于这些六合之外的事，"圣人存而不论"，孔子就经常"存而不论"。由于存而不论，慢慢就变成有没有鬼神我不管。这种观点行不行？对后人好不好呢？不知道。西方人就认为有一个上帝，那么至少在人们的心中有一种敬畏；而我们"存而不论"，那么刚开始"存"，就是有可能还存在，但是不去讨论，时间长了，那些人就认为这些东西和我根本不相干。这种观念好不好？不知道。

"六合之内，圣人论而不议"，对于世间，圣人可以讨论，但是不去搞得太细，"春秋经世，先王之志，圣人议而不辩"，历代以来，各个王朝的君主的功过和事迹可以记录在案，有《史记》，但也不去辩，不去评判。

"故分也者，有不分也；辩也者，有不辩也"，圣人有分有不分，分的是大的、宏观的、纲领性的，而一些太细节的就不去分辨了。

"曰：何也？""圣人怀之，众人辩之以相示也。故曰：辩也者，有不见也。"那么如果分得太细、太钻牛角尖的话，就会有看不见的地方。庄子这是在讲一个道理：只看小的，就看不见大的。

所以真正圣人的思维是看大而不看小，是从战略慢慢到战术，而我们很多人钻到战术里而没有战略，结果就看不见大局。这就是盲人摸象的道理：如果真正看到，那就是一整只大象；若是眼睛看不见的人，那就只能靠摸，有的摸到象腿，以为是柱子；摸到耳朵的，说是扇子；摸到身体的，说是墙壁，这样一来就见不到真实的大象，就有见不到的地方。事实上还是说，如果你分别得越细，你就越见不到真相，因为真相不需要具体到什么眼睛、耳朵，他一眼望过去，整个大象是什么样子就很清楚了，根本不用去争论到底是柱子还是扇子，还是墙，根本不需要。

"夫大道不称，大辩不言，大仁不仁，大廉不嗛，大勇不忮"，能言善辩、仁慈、廉洁、勇敢，这些都是人们要称赞的，事实上当你有为、有心想去达到这些成就的时候、想成功的时候，你已经失去了真道，因为你在有为；你失去了整体，因为你去追求那些细枝末节。所以"大道不称"，大道是无为的，是"道昭而不道，言辩而不及，仁常而不成，廉清而不信，勇忮而不成"，当你有为想去言辩，反而就更加讲不清楚；想去仁慈，那肯定不是真正的仁慈；想去廉洁，那就肯定有不廉洁。因为你有为，有为就有限，就不是整体的，只是个体的。你以为你很勇敢，其实当你心里面很勇猛的时候，你就已经失去了很多东西，这就是老子说的"勇于敢，则死；勇于不敢，则活"，当你勇敢的时候，你就往死的那个地方走，因为有为的东西是不得道的。

"五者圆而几向方矣"，列举这五个方面，是告诉你，只要你一有为，就失去了方向。"故知止其所不知"，所以要懂得停止用你的分别心去追求、探索那些细枝末节的东西，其实是要你把分别心放下，这是你的"知"，放下分别心、放下妄心，"至矣"，这才是最高的境界。

"孰知不言之辩，不道之道？若有能知，此之谓天府"，谁能够懂得这样的道理呢？如果谁懂得了这个道理，能放下分别心，不去想知道这样、想知道那样，要懂得"知其所不知"，这个境界叫作"天府"。当你的心胸打开，就会进入天人合一的状态，人机就不动了。人机不动，天机自动，就天人合一。"注焉而不满"，达到"天府"的这个时候，从气的角度讲，进来多少你都不满，"酌焉而不竭"，舀出去多少也都没有尽头。从智慧的角度来讲，你在这种静定的状态里，多少知识来，你都接受得了，想要学什么东西一眼就清楚，反过来你要用的话，用之不竭。从来没学过的东西，拿来一看就会，自然就会。这就是一种无为而治的状态，也就是老子说的"不知知，上"，"不知"才是为"上"；"知不知，病"，由"不知"到"知"，是病。庄子也是在说这个意思，所以为什么说庄子是老子的注解，他的很多见地都是老子思想的再现。

我们现在"为学日增"，老是想着要有知识，老去求学，这就是"为学日增"，而"为道日损"，为道是要"损"，是要不知，要把那个知放下，"损之又损，几近于道"，越放下才越能进入道的境界。在这个境界里面，"而不知其所由来"，道的境界是一种空性，"此之谓葆光"，这种空性是有光明的。这种智慧是彼岸的智慧，不是此岸的智慧，不是思辨而来的，不是学来的，也不是分别来的，是空性的状态里产生的一种光明。这种彼岸的智慧，你一问他，他就看到了，就明白了。这是修行的境界，庄子很了解。

所以要懂得齐物，不要去分辨，没有意义，都是"吹万"出来的，就好像我们人体，我们去分辨它：头、脚等，中医就分成六经，太阳、阳明、少阳、太阴、厥阴、少阴，这就划分开来，那么如果按照这个理论去思辨，就是不断地分，不断地细；但如果你不是用这种思辨，是直接洞见，那么病人一进来，你就已经清楚他有什么问题，连六经辨证都不需要。这是在"无知而无所不知"的状态中直接洞见的，这叫作"葆光"。这是学习的最高境界，"至矣"。

而懂得"知其所不知"，就是修行的方法，所以庄子前前后后都在讲这个东西，节节都在讲，就和我们读《道德经》一样，讲的也是这个法。只要我们的分别心一起用，我们就开始落入后天，一落入后天，我们的"知"就开始学知识，知识越多就越看不见这个世界的真相。所以道家的修行是逆走，是逆修的，从现在开始要放下，才能回到那个本来。

我们现代的科学，是不断地发展，不断地努力学习，知识越来越多，术业越分越细。现代医学是分科的，仅一个五官科就足够学一辈子了，学一个心脑系统也是一辈子的事，医院就越来越大。以前我们的古人哪用这个，一个人三个手指，什么科都搞定。所以离道越远，分得就越细，这就是"道生一、一生二、二生三、三生万物"，越来越远，这就叫"顺"，而不是"逆"。逆走，是"人法地、地法天、天法道、道法自然"，是返回来的，所以一个是顺一个是逆。这就是道家说"顺则凡，逆则仙"，顺着走，那就是一个凡夫。所以我们古人的思维体系和方式，与西方正好是颠倒的，就是两个相，一个是内走，一个是外化。

故昔者尧问于舜曰："我欲伐宗、脍、胥敖，南面而不释然。其故何也？"舜曰："夫三子者，犹存乎蓬艾之间。若不释然，何哉？昔者十日并出，万物皆照，而况德之进乎日者乎！"

下面庄子又讲了很多故事来论证"齐物"。

首先是尧和舜的对话，古时候是禅让制，尧发现舜的修行功夫很高，他的心和万物能够通灵。而且舜是一个非常孝顺的人，他的后母想要害死他，怎么害都死不了，反过来舜还是很孝顺她。所以舜的德行、品德以及修行的功夫都达到了极高的境界，他到山上去打柴，连老虎都帮他，所有的动物都围绕他转。尧向舜请教，我想要进攻宗、脍、胥敖这三个小国家，但是心里面总是放不开，这是为什么呢？舜就说，这三个小国就像小鸟一样，是藏在蓬艾之间的一些小东西，这么小的事，有什么放不下的呢？以前天上有十个太阳同时出来照耀万物，何况你一个修行境界已经超越太阳的人呢？根本都不用在乎这些。

这是庄子在描述心性的宽广度，要我们别分辨得太细。平时我们为人处事的时候，会有很多让我们觉得不舒服的地方，这是因为我们有分别，我们在乎一些东西，庄子是让你不要去分别这些东西。万物是一体的，你要和他们共处，不要看这个不顺眼，看那个不舒服。所以还是讲"齐物"的道理，当"齐物"——把自己和万物视为一体的时候，所有的一切相都是你自己的展现，那还有什么不舒服的呢？我们不舒服是因为还不能够齐物。下一个故事还是讲这个道理。

啮缺问乎王倪曰："子知物之所同，是乎？"曰："吾恶乎知之？""子知子之所不知邪？"曰："吾恶乎知之？""然则物无知邪？"曰："吾恶乎知之？虽然，尝试言之：庸讵知吾所谓知之非不知邪？庸讵知吾所谓不知之非知邪？且吾尝试问乎女：民湿寝则腰疾偏死，鳅然乎哉？木处则惴栗恂惧，猿猴然乎哉？三者孰知正处？民食刍豢，麋鹿食荐，蝍且甘带，鸱鸦耆鼠，四者孰知正味？猨，猵狙以为雌，麋与鹿交，鳅与鱼游。毛嫱、丽姬，人之所美也，鱼见之深入，鸟见之高飞，麋鹿见之决骤，四者孰知天下之正色哉？自我观之，仁义之端，是非之涂，樊然殽乱，吾恶能知其辩！"啮缺曰："子不知利害，则至人固不知利害乎？"王倪曰："至人神矣！大泽焚而不能热，河汉冱而不能寒，疾雷破山风振海而不能惊。若然者，乘云气，骑日月，而游乎四海之外，死生无变于己，而况利害之端乎！"

啮缺请教王倪三个问题，三个问题王倪都回答说，我不知道。这个啮缺总是想知道这、知道那，其实庄子前面已经埋了伏笔，最高的境界是"知止其所不知"，而王倪就是在这个境界的高人。在这个境界里的人，本来对于所有的一切是没什么不知道的，但是他知道现在请问的人是在用妄心的境界，他要破这个啮缺的妄心。所以又是一个禅宗风格的故事，庄子经常玩禅宗。

王倪说，虽然我不知道，但勉强尝试和你讲讲。"庸讵知吾所谓知之非不知邪？庸讵知吾所谓不知之非知邪？""庸讵知"是白话，以前的语言是粤语，意思就是"你怎么知道"。你怎么知道我说的不知道是真不知道还是知道？王倪就一路反问啮缺。

"且吾尝试问乎女：民湿寝则腰疾偏死，鳅然乎哉？木处则惴栗恂惧，猨猴然乎哉？三者孰知正处？"让我再问你：人居住在潮湿的地方，就生腰疾、就偏瘫，会病死，那泥鳅会这样吗？人在树木的高处就恐惧，猿猴会这样吗？人、泥鳅和猿猴，到底谁懂得住在哪里是最好的呢？这是在讲"住"，衣食住行的"住"，讲完了"住"，就开始讲"食"。

"民食刍豢，麋鹿食荐，蝍且甘带，鸱鸦耆鼠，四者孰知正味？"人吃的食物是粮食五谷，而动物中有的是吃草，有的吃蛇，有的吃老鼠，这四种东西哪个是最好吃的？

接下来讲"色"："猨，猵狙以为雌，麋与鹿交，鳅与鱼游。毛嫱、丽姬人之所美也，鱼见之深入，鸟见之高飞，麋鹿见之决骤。四者孰知天下之正色哉？"同上面讲"食""住"的例子一样，不同的种类就有不同的喜好。

这是讲食、色、住这三个方面，都是万物的本性，而且每一个物种所喜欢的都不一样，那么到底哪个是"正处""正味""正色"呢？

"自我观之，仁义之端，是非之涂，樊然殽乱，吾恶能知其辩！"这些是是非非，我哪知道哪个是正的！王倪作为一个道者，他的回答是要破一般人的知见。你以为你这个方式是对的，其实不一定，要看你站在哪个角度。如果从"齐物"的角度来看，没有什么对不对，只是角度不同。站在你的角度，你认为西施是美的，鱼见了西施就跑，鸟看见她就飞走，你说她美不美呢？所以还是讲齐物，讲不要分别，你用妄心、用分别心去看这个世界，就进不了道的境界。当我们打坐，在那里东想西想，在那里分辨，你怎么进得了道的境界？所以庄子在破，破你的妄心，处处在破，不断地破，和禅宗一样。

"啮缺曰：'子不知利害，则至人固不知利害乎？'王倪曰：'至人神矣：大泽焚而不能热，河汉冱而不能寒，疾雷破山风振海而不能惊。若然者，乘云气，骑日月，而游乎四海之外，死生无变于己，而况利害之端乎！'"啮缺又问，你不知道，那至人也不知道吗？王倪的回答，讲到八卦："天""地""泽""雷""山""风""日""月"。"河汉"是"天"，也就是"乾"卦，"四海"是大地，也就是"坤卦"。这八卦，庄子用很美的语言来描述，意思是说一个至人是跳出八卦之外的。因为这八卦所涵盖的一切都是相，世间一切只是八个卦象而已，连生死都影响不了一个至人，更何况这些相呢？这就是后面一段要讲到的"万物尽然，而以是相蕴"。

世间一切，包括生死，对于至人来说，都不过是一个相而已："旁日月，挟宇宙，为其吻合，置其滑涽，以隶相尊。众人役役，圣人愚芚，参万岁而一成纯，万物尽然，而以是相蕴"。所有这些万物，都是相，相的"蕴"，也就是储藏，"万物尽然"，所有的万象其实都蕴藏在八个卦象中。这就和本段王倪所讲的"大泽焚而不能热，河汉冱而不能寒，疾雷破山而不能伤，飘风振海而不能惊。若然者，乘云气，骑日月，而游乎四海之外"是一个意思，所有这些万物万象都跑不出这八个卦象。那这些东西你能够超越吗？超越的关键就在于你能不能够入道。

所以前面已经描述了，至人是无我的，进入无我的境界，就没有分别心，没有分别心哪来的相呢？肯定都没有相，这些相都被他糅合到一块儿，让它空掉了，"得其环中"，进入空性的光明之中，"旁日月，挟宇宙"，就是形容这些相都被糅空了，所以没有分别，齐物了。描述得这么美，就是讲这八个卦相都已经被至人齐物了，融会在一起，"见诸相非相"。这个时候就是空性见，是处在一种光明的状态，这些东西怎么伤害得了他呢？超越了这些相，已经是游乎四海之外了，"死生无变于己"，就是说各种变化已经影响不了他了，时间、空间已经影响不了他。

"参万岁而一成纯，万物尽然，而以是相蕴"，这八个卦象，把所有的相都蕴藏在里面，圣人是超越这八个卦象，而且连这些动态——"参万岁而一成纯"——都给空掉了，超越了时间空间，处在了没有分别心的状态，进入无我的境界，这就是至人。那么把这上下两段关于至人境界的内容合起来一看，就发现其实讲的是一回事。

瞿鹊子问于长梧子曰："吾闻诸夫子：'圣人不从事于务，不就利，不违害，不喜求，不缘道，无谓有谓，有谓无谓，而游乎尘垢之外。'夫子以为孟浪之言，而我以为妙道之行也。吾子以为奚若？"

这一段通过瞿鹊子与长梧子的对话，来描述至人的境界。至人没有分别、齐物了以后，当然是没有利害观念，是一体的，也不会去有为，只是随缘，所以能"游乎尘垢之外"。有尘垢是因为我们有了分别心，所以尘垢是存在于我们的分别心里面，如果你没有分别心哪来的尘垢呢？"夫子以为孟浪之言，而我以为妙道之行也，吾子以为奚若？"瞿鹊子就问长梧子：你认为怎么样？也就是说，瞿鹊子听说了这个境界的人，他信，但是自己没到那个境界，就请教长梧子。

长梧子曰："是黄帝之所听荧也，而丘也何足以知之！且女亦大早计，见卵而求时夜，见弹而求鸮炙。予尝为女妄言之，女亦以妄听之，奚？旁日月，挟宇宙，为其脗合，置其滑涽，以隶相尊？众人役役，圣人愚芚，参万岁而一成纯。万物尽然，而以是相蕴。

长梧子是得道之人，于是他就回答瞿鹊子：黄帝听说了这个境界的人都还有迷惑，更何况你的老师，那就更不可能知道了。你一听就有一点儿信了，还是不错。但你只是认为是真的，事实上没有证到，所以你说"以为是妙道之行"，的确是妙道之行，但是你说得太早了，"汝亦大早计，见卵而求时夜，见弹而求鸮炙"，这样想当然，就好像看到鸡蛋就想到公鸡了，看见弹弓就想到烧烤斑鸠了。我现在给你讲讲，我乱讲讲，你也就随便听听吧。于是就讲了"旁日月、挟宇宙"这一段。

"旁日月，挟宇宙，为其吻合，置其滑涽，以隶相尊？众人役役，圣人愚芚，参万岁而一成纯。万物尽然，而以是相蕴"，这一段是说圣人是超乎相的。庄子讲故事的时候描述得很美，写得很厉害的样子："挟宇宙""旁日月"，但其实就是一个相，是我们的妄心一看：有个太阳，有个月亮。这些宇宙、日月，都是妄心的分别见，其实本来都是一体的，都是"怒者其谁"的那个，所吹出来的"万"，不管是宇宙还是日月，我们的妄心看起来觉得很大，事实上都是吹出来的"万"。所以当你处在本体的时候，这一切都是一个相，这些万物"尽然"，不管是什么物，不外乎一个相，"以是相蕴"。

那么修行，要超越这些相，就像圣人一样，要进入"愚芚"。"众人役役"，众人被自己的妄心所奴役，"圣人愚芚"，圣人则是把妄心给空掉。众人显用妄心，自以为是，"役役"就是一天到晚被自己的妄心所驱使，累死了，做了我执的奴隶，而圣人就不会去做我执的奴隶，把那个"我"给忘了，就变成"吾丧我"。在"吾"的境界里面，"参万岁而一成纯""万物尽然，而以是相蕴"，这是道的境界。

从开篇到这里，庄子讲了那么多故事，其实还是讲一件事，就是告诉你不要用妄心、分别心在那里折腾，要把这些东西放下，然后进入空性，进入"以明"的境界、"天府"的境界、至人的境界，这时候你才知道这些相都是虚幻的。什么日月、宇宙都是虚幻的，不外乎八个卦象，这八个卦象都可以糅起来，"置其滑涽，以隶相尊"，就是把它们合起来，就是我们说的"中庸"，"阴阳燮理，其机在空"，真正的机在空，然后令阴阳相燮。所以八卦里面，天地定位、水火流行，还有山泽、风雷这些，都是相燮的，都是阴阳的相对，到中间都是空性。所以当你处在空性见的时候，可以映万象而得其环中。

庄子这一路讲下来，洋洋洒洒，文势磅礴得很，而且这个《齐物论》特别长，因为他怕你们不信，于是旁征博引，这里引用一下，那里讲个故事，实际上，一条线看下来是一个核心思想，讲了很多故事都是为了让你明白这个道理。

所以我们现在修行的关键就在于能不能把分别心放下，进入齐物的境界。放下，就可"以隶相尊"，就有平等性的状态，然后心就平了，心平了就能够放下，就合了，合了以后就进入空性，进入空性就出现光明，出现光明之后就能够有真知，否则都是妄心的知。

《齐物论》是庄子内七篇最长的一篇，讲到这里我们稍微回顾一下，梳理一下庄子的思路。古人写东西，都是以题目作为核心来写的，第一章写的是"逍遥"，《逍遥游》，那么什么才能够称为逍遥？这是第一篇的核心思想，结论就是"无我"。只要你有"我"，你就落入相待，就有个对立面，一旦有我相，肯定就有人相，一旦有了人相，一定有众生相、寿者相。四相一出来，相待、流行、化生就跟着来，一切就开始发生。那么你就会被这些对立面所左右、被束缚，就逍遥不起来。

我们曾经探讨过一个问题，西藏的密宗和印度的瑜伽有什么差别？因为我们看到很多密宗的修法都是印度瑜伽的修法，最后这二者根本的差异在哪里呢？就在于是否有"我"。你的功夫再高，飞天遁地，神游八极，视听八达之外，但你还是有一个"我"。有个"我"，你就有个对境，那个境就会搞你，你就会不自在，就会着相。

所以庄子在这一篇最后的结论就是：无我才是真正的逍遥。什么大鹏与小鸟、彭祖与老树，讲这些故事都是告诉你这些相待的状态都是不自在的。要达到真正的逍遥只有无我，这是第一篇《逍遥游》的核心。

接下来，就讲"齐物"。万物怎么才能齐呢？关键在哪儿呢？庄子首先提出一个"吾丧我"。我们之所以不能"齐"，是因为有"我"。"我"就善于分别、分辨，就有对立，就不能齐物，万物就开始有差异性，因为你分别。所以你得找到那个"吾"，"吾"又是谁呢？这就是我们一般修行人说的，要找心，找那个本心。找到本心之后，忘掉这个妄心，这就叫作"吾丧我"。

再下来，庄子更深入地从"我"的层面，从宇宙万物的层面来讲。有万物，是因为有一个相当于"吾"那样的角色"吹万"吹出来的，这就提出了"天籁、人籁、地籁"，万物是有一个主宰的，站在主宰的角度来看，万物是一体的。就好像我们的身体，手、脚、头、躯干，对于整个身体的本体来说，这些部分都是一体化的。所以每一部分都是你，每一部分也都是它自己那一部分；每一个细胞都是你，同时也都是它自己，小到无内，大到无外，都是那个本体。所以庄子说，万物所有的声音，其实都有一个主宰，万物背后都是有一个老板的，也就是老子说的，"人法地、地法天、天法道、道法自然"。我们看到庄子总是重复地讲这个道理，就是让你知道背后那个一体化的老板。在老板那里，万物一体化，没有什么分别，这叫"齐物"，找到了这个老板，那么万物就是一体的，你就不会有分别。

庄子打了那么多比方，从每个角度去谈这个问题，就是在论述万物是没有差别的，但是要看你是站在哪个角度，也就是说，必须站在最终的真宰、站在道的角度，也就是佛陀说的"如来"（我们可以给它起很多名字），只要站在这一个角度，万物是一体的，是齐的。庄子绕来绕去地讲，是在批判你平时站的角度不对，你站的不对他就打你，但是还是没有办法，这个道理和黄帝说，黄帝都有点迷惑，孔子就更加一窍不通。这是庄子的见地。庄子大概看到很多黄帝的著作，多数是讲"术"，关于本体谈得很少，而老子总是讲本体，所以在庄子看来可能连黄帝对于道都有点迷惑。

事实上黄帝应该是不会迷惑，因为在黄帝的年代，道就像空气一样，他很清楚，天天都沉浸其中，所以对于这个东西没有什么需要多讲的。就好像以前 20 世纪六七十年代，空气很好，天都是蓝的，我们根本不会去在意空气的问题；现在就不行了，蓝天都看不见了，经常有雾霾了，我们就开始重视了，就要讲环保了。所以老子讲道，就相当于我们出现雾霾开始讲环保的情形，因为大道废，所以必须提起重视了。而黄帝的时候，人人都在道中，根本不需要特别去强调道，大家觉得很自然，所以黄帝不讲，并不是他不知道。当然，这是我的个人看法。

接下来庄子总结，这一切都是相，不论是日月、宇宙，万物都跳不出八个卦象，这些类象，都是"相蕴"，那就看我们的那个"吾"，是不是迷在这些相之中了。迷在相里面就完蛋，就不能齐物，就开始分别类象，你属于什么卦象、性格怎么样，就开始分类，因为你已经着在相上了。于是一生二、二生三、四、八……就开始往下走、落到后面去了，因为你已经不能处在道的境界了，你的本来已经迷掉了。

再下来，庄子就开始描述境界。首先，讲生死的境界。

予恶乎知说生之非惑邪！予恶乎知恶死之非弱丧而不知归者邪！丽之姬，艾封人之子也。晋国之始得之也，涕泣沾襟。及其至于王所，与王同筐床，食刍豢，而后悔其泣也。予恶乎知夫死者不悔其始之蕲生乎？

庄子借长梧子的口来讲，他说人们都喜欢生，那你知不知道其实死就是回家啊？提出了这个问题。接着就举例子：一个叫艾的地方有一位管理地政的人，他有一个女儿叫丽姬，要嫁到晋国去，她就一直哭，哭得很伤心，"涕泣沾襟"。嫁过去之后，当了王妃，和晋王一起生活，那个生活之快乐啊！丽姬这时候才发现，嫁过来之前哭得那么伤心真像傻子一样。这个意思是什么？就是说我们对于生死的态度是否和丽姬哭嫁一样呢？死的时候就像丽姬一样哭得很伤心，谁知道死了以后会不会像皇帝生活在皇宫一样呢？也很可能哦。庄子就开始讲境界了。"予恶乎知夫死者不悔其始之蕲生乎！"你怎么知道死了之后不会后悔呢！可能发现原来生是没有意义的呢？是没有死那么爽的呢？

其实生命的确是有这个特点，就是你一出生，从肉体的层面来看，就已经往死的方向走，出生那一刹那就注定要死，每一天其实都是在往火葬场跑，所以生的终极目标就是死。然后在生死之间的这个过程里，我们会做很多事情，很多我们觉得很快乐的事情，但每一次快乐其实都是耗散我们的能量的过程，是一次小死，然而我们还是觉得很爽，就这样由多次的小死达到终极的死亡，这就是人。所以死是很爽的，就像植物开出了花朵。人们为什么那么喜欢爱情？两性的快乐其实就是往死的方向走，所以每一次小死，最后终结就是大死。这就是庄子讲的生死的道理。讲完了生死之境，下面开始讲梦境。

梦饮酒者，旦而哭泣；梦哭泣者，旦而田猎。方其梦也，不知其梦也。梦之中又占其梦焉，觉而后知其梦也。且有大觉而后知此其大梦也，而愚者自以为觉，窃窃然知之。君乎，牧乎，固哉！丘也与女皆梦也，予谓女梦亦梦也。是其言也，其名为吊诡。万世之后，而一遇大圣知其解者，是旦暮遇之也。"

一个人晚上做梦喝酒很爽，白天醒了又不知为了什么事伤心哭泣；反过来，晚上梦见自己很悲摧地哭泣，第二天白天去打猎，觉得很爽。所以人就是经常颠倒，意思就是我们所面对的境界经常差异很大。在梦中的时候不知道自己在做梦，自己还梦见自己在做梦，做梦的时候讲梦，所以只有你真正醒了，真正大觉之后才发现自己在做梦，"且有大觉而后知此其大梦也，而愚者自以为觉，窃窃然知之"，一般人像我们现在就觉得自己是在觉的状态，庄子说这是愚者，以为自己是很清醒。意思就是说其实你还是在做梦，还有个大梦，根本没搞清真相。

"丘也与女皆梦也"，孔子与你瞿鹊子，你们两个其实都在做梦；"予谓女梦亦梦也"，我现在说你在做梦，其实也是梦。"是其言也，其名为吊诡"，这些东西讲不清楚，没办法说清楚。"万世之后，而一遇大圣知其解者，是旦暮遇之也"，将来遇到一个大圣人，或许知道这个梦和觉的问题，说不定什么时候你就遇上。这其实是在讲境界的变化，生、死境界的变化，梦、觉境界的变化。

所以你睡觉也是一种境，梦境，娑婆世界也是一种境，死也是一种境。此外还有禅境，坐禅也是一种境，还有六种中阴境（投生中阴、睡梦中阴、禅定中阴、临终中阴、究竟中阴、普遍中阴），这是莲花生大士所说，我们的灵魂在飘的时候可以去很多境。这些境界我们一般人都没有搞清楚。这是讲境界的差异性。修行你要修这些，要看自己是否能够做主，进到这些境，不迷惑。

所以有时候打坐、有时候睡觉，平时日常生活，甚至死亡，甚至投胎等，面对这些境你能否做主？能否都保持一种觉悟，不迷惑？那是功夫啊！但是即便这样，也还是有一个"我"，还不是本来，而庄子的境界是站在本来上来谈的，一上来《逍遥游》就讲"无我"，一到《齐物论》就讲万物一体无分别，其中关键是有一个本来在主宰。

"既使我与若辩矣，若胜我，我不若胜，若果是也？我果非也邪？我胜若，若不吾胜，我果是也？而果非也邪？其或是也，其或非也邪？其俱是也，其俱非也邪？我与若不能相知也。则人固受其黮闇，吾谁使正之？使同乎若者正之，既与若同矣，恶能正之？使同乎我者正之，既同乎我矣，恶能正之？使异乎我与若者正之，既异乎我与若矣，恶能正之？使同乎我与若者正之，既同乎我与若矣，恶能正之？然则我与若与人俱不能相知也，而待彼也邪？化声之相待，若其不相待，和之以天倪，因之以曼衍，所以穷年也。何谓和之以天倪？曰：是不是，然不然。是若果是也，则是之异乎不是也亦无辩；然若果然也，则然之异乎不然也亦无辩。忘年忘义，振于无竟，故寓诸无竟。"

长梧子接着说，我说的这些东西对不对呢？没办法评判。如果和我观点一样的人，立刻就赞同我了；和我观点不同，怎么评判对错呢？谁也评判不了。庄子就又开始搞"吊诡"，这一段全是讲这些，意思是根本无法评判，事物都是相对的，好坏、对错、善恶，没有办法确定，没有谁能来做公正。因为当一个人认为你对的时候，这个人已经和你一样了，认为我对的时候已经和我一样了，这个人怎么公正呢？公正不了，因为已经落入一种对待。那么还不如"和之以天倪"，"化声之相待，若其不相待，和之以天倪，因之以曼衍，所以穷年也"。也就是说，该是什么样就什么样，就是一种自然的状态。

"何谓和之以天倪？曰：是不是，然不然。是若果是也，则是之异乎不是也亦无辩；然若果然也，则然之异乎不然也亦无辩"，就是说不要去分辨，是就是，不是就不是，本来就那个样子，管他是还是不是，你不要用你的思辨在那里搞来搞去，这是对的、那个是错的。"忘年忘义，振于无竟"，这是叫你忘掉它，不要去分辨含义，也不要管什么时间、空间，就是进入一种超越这些境界的状态，生死、梦觉、六中阴等，要超越它，不要被境迷惑，进入无境，"故寓诸无竟"，超越一切境界，处在定中，不被境所转。不超越对待，就被对待所流转，对待一定会流行、化生，所谓的"矛盾"就是这个意思，一定是对立统一，好像螺旋式的上升旋转。那么你一迷进去，一落端，就被转，所以你要超越它，不要迷进去，不要着相。

罔两问景曰："曩子行，今子止；曩子坐，今子起；何其无特操与？"景曰："吾有待而然者邪？吾所待又有待而然者邪？吾待蛇蚹蜩翼邪？恶识所以然？恶识所以不然？"

今天我们大家聚在一块儿，好像是我们自己的主宰，其实后面有老板，任何一个事物的背后，其实都还有老板，是一层一层的。就好像你做梦，是有一个主宰的，这个主宰的背后又有一个主宰，所以庄子就讲了这个罔两问景的故事来告诉你。

人走路，影子就跟着走；人停下来，影子也跟着停下来；人坐下来，影子也坐下。罔两就问这个影子，你怎么这么没有节操啊？影子就说，我哪里知道怎么回事？我自己根本没办法做主，我幕后有老板，他要怎么样我就怎么样，他跑我就跟着跑，没办法。这是庄子比喻给我们听，我们的肉体其实就是一个影子，意识也是个影子，用老子的话说就是人是被地所主宰的，地是被天所主宰、被日月星辰所主宰的，天是被道所主宰的，是"人法地、地法天、天法道"，我们自以为做主，其实根本做不了主。所以当你认为肉体是你的时候，你已经是做奴隶了；当你以为意识是你的时候，你又成为了另一个层面的奴隶；然后飘了一个灵魂出来，你又以为这个灵魂是你的时候，你还是有别的东西主宰你。所以背后的那个老板是谁呢？你要去找。那么庄子说法就是"吹万不同""怒者其谁"？谁在主宰？让你自己去参悟。参悟到这个东西以后，处在那个状态，你就不被对待所转，就不会落于"二"，就是"不二"。

昔者庄周梦为胡蝶，栩栩然胡蝶也。自喻适志与！不知周也。俄然觉，则蘧蘧然周也。不知周之梦为胡蝶与？胡蝶之梦为周与？周与胡蝶则必有分矣。此之谓物化。

《齐物论》最后收官的时候，庄子讲了一个自己梦蝴蝶的故事。他说梦到自己变成一只蝴蝶，"栩栩然"，觉得很真实，飞着飞着，觉得很爽。这个时候已经不知道庄周是谁了，忘记了。"俄然觉"，突然间醒过来了，就自己觉得自己是庄周了。到底是庄周梦蝴蝶呢，还是蝴蝶梦庄周呢？他自己也搞不清楚。庄周与蝴蝶，应该是有分别的，但是其实搞不清楚到底谁是谁，意思就是说这些都是境界的变化，"此之谓物化"，是你执着什么就变成了什么，这就叫作"物化"。

也就是说你真实的本来已经物化了，你着相了。我们着在肉体上的时候，就以为这个肉体是我；当着在意识上的时候，就以为能够思想的就是我。西方的笛卡儿说"我思故我在"，他就是认为因为我有思想所以我存在，所以"我"就是能思者，这是他的观点。事实上我们平时和别人相处、交流的时候，常常说的那个"我"，就是指我们的肉体。所以其实我们是被物化，不管你着在什么相上，你肯定被物化。反过来讲，庄子是暗示你，你其实是"无我"的，你本来是空无的，空中妙有，这就是空性见。所以根本上来说你不可能物化，因为这些物化其实都是一种境，很多境。

比如我们现在打坐，一禅定进去，进到某个境以后，我们就觉得我们变成某个人了，看见另一个相应的又有一个境，看见阿弥陀佛，你就开始入境，"啊呀，阿弥陀佛来了啊！极乐世界！那里好多莲花，好多人在那里打坐，想什么得什么，地上全是黄金"。阿弥陀佛也是境，也是"我"的一种相，其实已经想什么得什么了，还要黄金干吗？还用交易吗？但是金闪闪，感觉蛮好。所以这些东西都是一种境，这个境是物化的境，因为你着在那个里面而化现的境。其实很多东西都是我们的心化出来的，化现，是我们的一种欲望，一种心相，就好像你的梦境一样，做梦也是你的心化，所以你就是日有所思夜有所梦。当你的心不断地物化的时候，相应地你就到了那个世界。释迦牟尼说三十三天，其实也是一样，管他地狱、六道、天堂，都一样，都是一个境，都是你的物化。

所以庄子很超越，很超脱的，管你什么境都是物化，哪个境不是物化呢？只是你的心着相了而已。那么你不能够物化，不要把你自己物化，把你自己物化了你就不自在了，就有"我"了，立马出我相，一物化，我相就来了，一我相，肯定人相就来了，众生相、寿者相就来，时空就产生了。四相一来，你就被套死，烦恼就来，就不自在。所以必须"无我"，空掉，没有相，一无相，你就没什么相可以着，所以"见诸相非相，即见如来"。只有这样，没有别的路，这个时候所有相都是一样。

内七篇是庄子思想的核心，非常美，把《逍遥游》《齐物论》一讲完，后面的内容就迎刃而解。他的文字看上去洋洋洒洒一大篇，其实内容不多，你如果钻到细节去就被忽悠进去了，就变成看故事，然后你还去辨别哪个故事是真是假，那你就被忽悠得更惨，钻进具体的内容里你就乱套了。庄子讲东西讲得很大，你不要被他忽悠，他其实是讲境界，你不要落实，你一落实，再去考证，那根本就是南辕北辙，相去甚远。

现在很多人去考证，到底北冥在哪里，这是无法考证的，因为他是讲故事，他怕你不信，说是有个《山海经》里讲的，结果你又去考证《山海经》是真是假。我们现在很多人学习佛法，学习道家思想，都是用考证的思维去学，考证来考证去，说《华严经》是龙树菩萨去龙宫取出来的，那个龙宫在哪里？那完蛋了，最后考证出来的结果就是伪经，就开始骂经书是假的了。又说《瑜伽师地论》是无著菩萨去三十三天听弥勒菩萨讲课的记录，那又完蛋了，因为没办法考证。

所以不用考证，你只是去了解作者的寓意，他想干吗，想告诉你什么，你认同就认同，不认同就不认同，无须考证具体的内容。就好像一桌子菜，你尝尝好吃不好吃，好吃就吃，不好吃就不吃，管他谁做的。如果说是释迦牟尼做的，我考证完，好像不是，那我不吃，那你不是傻吗？管他作者是谁，我先吃，吃了一口感觉非常棒，那这桌菜就是很好吃。你如果非要按考证，《六祖坛经》肯定就不算经，因为不是释迦牟尼讲的，怎么能叫"经"呢？按佛教经典的规矩，就不能叫作"经"。但我们中国人就叫它"经"，那就没办法，小乘佛法就骂死你，在小乘佛法眼里，连大乘佛法都觉得是伪的，更不要说《六祖坛经》了，这就是问题所在。所以我们要超越这种界限和这种思辨，不要进入这种考证的方法，作者他到底要描述什么？我们学到了什么？我们要去体悟他的心性。

养生主

本篇的内容，历代以来很多版本的注解都是从儒家的角度、如何为人处事的角度来看。现在，我们从道家修行的角度来解读。

吾生也有涯，而知也无涯。以有涯随无涯，殆已。已而为知者，殆而已矣。为善无近名，为恶无近刑。缘督以为经，可以保身，可以全生，可以养亲，可以尽年。

"吾生也有涯，而知也无涯"，这第一句话被很多人解释为：我的生命是有限的，而知识是无限的。对于这种解读，我们并不赞同。因为这个"知"，不一定是知识的意思。

"知"，代表我们的精神，就是我们能知的那个东西，是知性，而不是知识。对于这个"知"的理解，很重要，因为本篇的标题，"养生主"，也就是养这个生命的主，那么这个"知"对于这个"主"，是很重要的东西，它代表的是精神，而不是知识。"知"和"识"是两回事，"识"，是已经有分别心了，婴儿也有"知"，但无"识"，所以这里不能把这个"知"当作知识，而应该理解为是我们的一种知性。这个知性是无限的，是没有生死的，而我们的生命是有限的，"吾生"的"生"，在这里着重指肉体。

"以有涯随无涯，殆已。"我们用一个有限的生命去追随这个无限的知性，而肉体是会新陈代谢的，它一定会殆尽，"殆已"，就是肯定会有生死，但是那个知性是没有生死的。"已而为知者，殆而已矣。"就是说我们这个生命已经有知了，一生下来就已经是"俱生我执"，那个知就已经在了，而你的身体是一定有生死的，跑不掉的，那么我们生命的构成，注定是有一个不生死的知性和一个会生死的肉体。所以这里庄子点出我们的养生，有两个内容，一个是"性"，一个是"命"，知就是性，身就是命，养生，就是修养性命。

"为善无近名，为恶无近刑"，这是讲修性，修精神的内容，就是不要把知性往外用，一往外走，不外乎就是搞善恶，不论作善还是作恶，你的生命都被消耗了，所以养生要往内走，这是讲养性。养命，就是"缘督以为经，可以保身，可以全生，可以养亲，可以尽年"。"督"，不一定指的是督脉，在身体里面来看，可以说是指督脉，但是事实上奇经八脉就相当于八卦，八个卦象。这个督脉属于乾卦，指的是天，乾为天，也就是说这个"缘督以为经"，就是《黄帝阴符经》中"观天之道，执天执行，尽矣"的意思。当我们养身体的时候，我们怎么运用这个知性呢？首先要懂得天，我们的人心要依天而行。怎么才能使人心进入天性呢？那就必须天人合一。想要天人合一，就必须往内走，要由"知"变成"不知"，就是老子说的"知不知，上。不知知，病"。所以我们这个知，往外用的时候，你必须"不知"，不知的时候，才能与天性相合。我们要无为，从有为的状态返还到无为的状态，进入天人合一的"人机不动，天机自动"，那么自然就可以保持"全身""养亲""尽年"的状态。这就是道家老子真正的思想，他是无为法的，绝不是有为地用意念去想怎么通督脉，老子、庄子不是这种境界。

前面第一段，相当于《养生主》全篇的总纲，下面用一个个故事详解，讲这个总纲具体怎么实践。

庖丁为文惠君解牛，手之所触，肩之所倚，足之所履，膝之所踦，砉然向然，奏刀騞然，莫不中音，合于《桑林》之舞，乃中《经首》之会。文惠君曰："嘻，善哉！技盖至此乎？"庖丁释刀对曰："臣之所好者道也，进乎技矣。始臣之解牛之时，所见无非牛者；

三年之后，未尝见全牛也；方今之时，臣以神遇而不以目视，官知止而神欲行。依乎天理，批大郤，导大窾，因其固然。技经肯綮之未尝，而况大軱乎！良庖岁更刀，割也；族庖月更刀，折也。今臣之刀十九年矣，所解数千牛矣，而刀刃若新发于硎。彼节者有间而刀刃者无厚，以无厚入有间，恢恢乎其于游刃必有余地矣。是以十九年而刀刃若新发于硎。虽然，每至于族，吾见其难为，怵然为戒，视为止，行为迟，动刀甚微，謋然已解，如土委地。提刀而立，为之四顾，为之踌躇满志，善刀而藏之。"文惠君曰："善哉！吾闻庖丁之言，得养生焉。"

庖丁在解牛的时候展现了自己的功夫，整个过程像跳舞一样，很美，一下子就把牛全部解体了。文惠君看见都傻眼了，赞叹说："嘻！善哉！技盖至此乎？"这个技术可以达到这样的境界吗？的确是令人震撼啊！从这种境界看，他的技术绝对不是人们说的熟能生巧，如果熟能生巧就能达到如此，那么所有的屠夫都应该能达到这个境界。但为什么别的屠夫，刀用了一年、甚至一个月就坏了呢？他们为什么就不能熟能生巧呢？所以不是熟能生巧的原因，这个境界一定不是有为能够做到的。

金庸曾在《书剑恩仇录》中描写主人公陈家洛和张召重最后的古墓之战，陈家洛就是因为看了庖丁解牛的故事，一下子开悟了，然后听着他四弟的笛声，完全进入了无为的状态，之前的那些技，已经消失，完全不用，是无为而动的状态，结果空手夺了张召重的兵器，可见金庸本人对庖丁解牛也是很有理解，理解了无为而治的境界，绝对不是有为可以媲美的。所以只有无为才能够达到神的境界，有为是用意识，那就肯定有间隙，一定会有尖端、有漏洞，绝对不是"天网恢恢，疏而不漏"，肯定无法连贯，只有无为才能够达到天然的状态。有为的东西一定是有破绽的，天然的东西是鬼斧神工，是没有破绽的，这是不一样的。

"庖丁释刀对曰：'臣之所好者道也'"，庖丁这时就回答说，我这个功夫是因为我修道，才有了这样的境界，绝不是一般的熟能生巧，好像开车很熟练了不用看都能开，不是那回事。那只是潜意识，差太远，它不能变化，不是道。在道的境界之后，一旦起用，就是"进乎技矣"，就出现了前面所描述像跳舞一样解牛的出神入化的现象。下面就开始讲过程。

"始臣之解牛之时，所见无非牛者"，刚开始解牛的时候，我也是看见一头牛。意思就是我们刚开始修行的时候，也还是用眼耳鼻舌身意，还是处在意识界，还处在用五官感知的境界，所以你是看见全牛的。三年之后，"未尝见全牛也"，已经不见面前的牛，也就是说已经不用眼睛，不用我们的眼耳鼻舌身意了，已经开始进入定境，进入内观，已经不是往外，是往内走。所以这个"知"一旦往内走，至少就进入神的境界，已经不在意的层面。一旦进入神的层面一定有光明，就开始有另外的觉知能力。

"方今之时，臣以神遇而不以目视"，到今天，我完全用神而不用意识，"官知止而神欲行"，五官已经停止，把九窍都已经封掉，止观的功夫已经很厉害了。"依乎天理"，也就是之前讲过的"沿督以为经"的意思，天，就是乾卦。"批大卻，导大窾，因其固然。技经肯綮之未尝，而况大軱乎？"在神境之中，庖丁的动作，以及所切割的地方，一定是按照牛的筋骨纹路而走，因为他无为，天人合一，他与牛合为一体，所以一定是吻合牛的身体结构，绝不会搞错。这是无为而治，无为而无所不为。这完全是自动化的，全是神行，不用意识。哪怕是最细微的地方，我都能知道它的空无，因为完全是用神来看，已经不是用意了，这时手一下去，肯定是空隙的地方，更何况大块的骨头的地方，那就更容易了。

"良庖岁更刀，割也"，如果不是无为而治，那即便是再厉害的屠夫，一年下来刀肯定也坏了，要换把刀，因为他是在割；"族庖月更刀，折也"，普通的屠夫，一个月就换刀，因为纯粹是在砍，刀很快就折了。"今臣之刀十九年矣，所解数千牛矣，而刀刃若新发于硎"，今天我庖丁这把刀用了十九年，解牛数千头了，而刀刃就好像刚用磨刀石磨过一样，没有变化过。刀刚磨好是什么样，现在还是什么样，用了十九年了。各位想想看，这是什么感觉？这是一般熟能生巧能做到的吗？绝对不是。而且数千头牛，每头牛还不一样，有高矮，有大有小，有的牛硬一点，有的牛嫩一点，光靠熟能生巧，不是那么简单。所以一定是神技，也就是出神入化。

"彼节者有间，而刀刃者无厚"，牛的关节纹理之间肯定有间隙，相对于间隙来讲，刀刃是没有厚度的。"以无厚入有间，恢恢乎其于游刃必有余地矣"，这样没有厚度而入于有间，那肯定是游刃有余了。"是以十九年而刀刃若新发于硎"，所以用了十九年还是像新磨出来的一样。"虽然，每至于族，吾见其难为"，但是尽管我的技术达到了如此境界，有时在碰到筋筋绊绊的地方，难度很高的时候，"怵然为戒，视为止，行为迟，动刀甚微，谍然已解"，我都会放慢速度，更加静心地来体会，下刀更微妙，这样，那些纹理间隙自然就打开了。这是说，在无为的时候，当碰到了关窍，就要更加凝神，然后这一关就可以过去了。如此一解，牛都根本没有感觉，就已经被庖丁解剖了，痛觉都没来得及反应，牛就已经死掉了。"如土委地"，牛肉、牛骨之间的分解就好像土崩瓦解一样。这样解完之后，"提刀而立"，反而很精神，并不是像一般人宰了头牛累得半死。"为之四顾，为之踌躇满志，善刀而藏之"，而且感觉很爽的样子，绝对不累的，这是无为而治之后，反而好像是练了一组功，感觉蛮爽。

文惠君曰："善哉！吾闻庖丁之言，得养生焉。"文惠王听完之后就说，我听了庖丁的话，懂得什么叫养生了。大家看看这种养生的方式，是怎样的一种境界！那么这种境界，只有道者能为之，不是道者，怎么可能？所以自性的修行，是回归到自性的途径，不是往外走。往外走、不断地去学知识，还要不断地参学，看看人家解牛怎么解，然后还想要学，这样的人不可能达到庖丁的境界，不可能的事。因为庖丁是往内走，从而达到了神技的境界，出神入化的境界，才能够做到这种游刃有余。他是"全以神行"而不用意念，是彼岸的、洞见的智慧才能达到这样的境界，而不是此岸的智慧，靠思想意识来学一点知识，是达不到的。所以庄子讲的东西是很到位的，不讲世俗的那一套，他就是要破世俗的见。

养生主，就是把开篇所说的那个"知"，养回到道，关键是养这个主，而不是养那个肉体。肉体去养它干吗？必然"殆已"，一开头就告诉你了，必死无疑，还养什么？只要你无为，天人合一，就能够养生，但是肉体最终还是会寿终正寝。

庖丁解牛这个故事是第一个层面，下面讲另一个层面。

公文轩见右师而惊曰："是何人也？恶乎介也？天与，其人与？"曰："天也，非人也。天之生是使独也，人之貌有与也。以是知其天也，非人也。"泽雉十步一啄，百步一饮，不蕲畜乎樊中。神虽王，不善也。

公文轩见到右师觉得很惊奇，问道：这个人怎么只有一只脚呢？是天生的还是人为造成的呢？"介"，就是指单脚人。右师就回答：是天给的，不是人为。意思就是说，不用在乎具体的形貌，都是吹万不同而已，所以是"齐物"的。庄子怎么可能在乎你具体的形貌呢？还去分别美不美、是单脚还是双脚吗？他不管的，他是齐物的人。所以"天之生是使独也"，肯定是那个吹万的吹的，没有人为的东西，全是吹万不同，这是庄子的境界。

"人之貌有与也，以是知其天也，非人也"，形体不重要，而那个吹万的"怒者其谁"的那个，才最重要。"泽雉十步一啄，百步一饮，不蕲畜乎樊中"，湖泽边上的野鸡，想啄就啄，想饮就饮，对那些笼中的鸡不屑一顾。"神虽王，不善也"，笼中的鸡，因为有人喂，自己感觉蛮骄傲。实际上这个"笼"是比喻我们的形体，鸡是比喻我们的精神。在笼子里，还自以为很骄傲，还经常把我们的形体、穿着打扮得很高贵的样子，实际上精神根本出不来，不自由，根本不知道谁是主人。所以，重形者不善，而应该要追求精神的自在、逍遥。这种逍遥，最高的境界就是达到无我，合于道。

老聃死，秦失吊之，三号而出。弟子曰："非夫子之友邪？"曰："然"。"然则吊焉若此，可乎？"曰："然。始也吾以为其人也，而今非也。向吾入而吊焉，有老者哭之，如哭其子；少者哭之，如哭其母。彼其所以会之，必有不蕲言而言，不蕲哭而哭者。是遁天倍情，忘其所受，古者谓之遁天之刑。适来，夫子时也；适去，夫子顺也。安时而处顺，哀乐不能入也，古者谓是帝之县解。"

接下来庄子讲生死问题，肉体的生死问题。

老子死了，一个叫秦失的人就去吊唁，喊了三声就出来了。他的弟子就问说："老师，死去的这位难道不是你的朋友吗？"他回答说："是啊，是我的朋友啊。""那对朋友这样吊唁，合适吗？""当然可以"。言外之意，按世俗的道理你当然觉得不合适，而我秦失不按世俗的道理来。所以庄子讲的都是出世间的东西，不是我们这种世间法，世间法肯定是要哭一下，表示我和你亲近，这种实际是很伪善的。如若不是伪善，那就是很有感情，还有感情，说明你的精神不能独立于物外，并没看到真相。所以秦失说"始也吾以为其人也，而今非也"，就是说我刚开始以为老聃很不错的，和我是同道中人，现在我发现不是，根本不是我的知己。

"向吾入而吊焉，有老者哭之，如哭其子；少者哭之，如哭其母。彼其所以会之，必有不蕲言而言，不蕲哭而哭者"，我今天一去，看见那些人，老的哭少的哭，那肯定有他们的道理，肯定都是和他很有感情，那么有感情的人就肯定不是我的知音。"是遁天倍情，忘其所受"，这种状态就意味着他已经违背了天道，不懂得道，还没有与道合在一起，玩的是人世间的情，所以才会出现这种情况。"遁天倍情"，就是违背天道，"忘其所受"，根本不知道自己从哪里来，不懂得自己的本来，没有找到道。因为一切都是道生出来的，而他不知道，忘记了自己从哪里来。"古者谓之遁天之刑"，古时候就把这种叫作违背天的状态。

"适来，夫子时也；适去，夫子顺也。安时而处顺，哀乐不能入也，古者谓是帝之县解"，那么一个道者应该是怎样呢？该来就来，该走就走，根本不会去搞感情，也不会去分辨，是随遇而安的。因为随遇而安，哀乐就不能入，根本不动情，不管人世间的那些纠缠，而是把利害统而为一，没有亲疏之分。道者已经超越了这些东西，他在道中来看，万物是一体的，是齐物的，怎么可能变成那么重的情感呢？这是庄子在告诉我们一个道者是怎样的，他绝对不会把生死看得很重，置生死于度外。

指穷于为薪，火传也，不知其尽也。

我们的身体就像柴火一样，我们的精神就像火一样，这个"指"，是"天地一指，万物一马"的"指"，意思是说我们的身体，不过是一个吹万出来的"万"而已，某个相而已，就相当于一根柴火。火可以一根柴一根柴不断地烧，柴会烧完，但是火是不灭的。意思是说，我们的肉体会消亡，但是精神是不灭的，也就是开篇第一句，"吾生也有涯，而知也无涯"。

庄子描述的"养生主"，养的是什么？养的是我们的精神。精神才是我们身体的主人，我们要养这个主，叫"养生主"。这个主，怎么养？道。那么这个知性是关键，就看你是往外走还是往内走。往外走，知性就变成分别、逻辑、善恶好坏对错，最后就入情，这就是知入情，情入意，"知、情、意"就出来了，就是众生，就顺着往前走。现在庄子描述的养生，是修行，怎么走呢？要从知性往内走，不要往情和意这个方向走。如果你现在在意的地方，那你还要先回到情、回到知才行。回到知，然后从知再回去，回到道。

这就是老子说的"知不知，上。不知知，病。圣人病病是以不病"。所以这个"知"是关窍。"人心机也，立天之道以定人也"，心，也就是这里的"知"，是机关，要返还到天道来定人，而不要用人为那一套来搞，那叫"小人得之谓之轻命"；而"君子得之固穷"，君子，有道之人，是反过来的，这是奥妙。

所以庄子的境界不得了，根本不搞世间法，所以不是一般的注解，教你怎么好好做人、分析来分析去……不可能的。那么我们从修行的角度来谈，从这个角度来看，庄子整个内篇是贯穿的，很严谨，很美。那么你必须懂得道家的修行方法，要去体悟，才能真正理解庄子，否则的话根本无法理解，连无为是什么都不知道，然后天天在搞有为的东西，还以为自己功夫很高。这是不可能的。不从"知"那里返还，反而往外走，搞情搞意，能搞出什么东西来？搞出的东西绝不可能进入神境，充其量是个"良庖"，再下来就是"族庖"，那差得太远。

这就是一个往内走和往外走的问题。我们东方文化就是往内走的文化，不可能是往外走。往外走的那一路，就是现代科学，是用人类这种相对的、不断繁衍出来的生命，来追求、研究世界的无限，这也是一条路。随着生命的延续，文明不断衍生，哪天人类都灭绝了就算了，这个文明就结束。然后又再生，又重新一个世纪，所以文明有不同的层，这也是一个相，往外走的相。而庄子讲的是内相，是往内走的。

人间世

　　《人间世》，庄子首先借孔子和颜回的对话来阐述。前面我们讲了《养生主》，其中讲到庖丁解牛的故事，这个故事表达的就是道的境界。通过修道，进入道，在道的境界中，出现了五官停止起用而全以神行的状态，由此洞见事物的规律，这就是庖丁的解牛方式。这一篇《人间世》继续阐述这一点，如果我们把世间看作一头牛，我们的心就相当于庖丁，你怎么去解？我们怎么在世间行走？这就是这一篇要讲到的问题。庖丁之所以能解牛，而且达到了神技的境界，是因为有道，因为"臣之所好者道也"。

　　《人间世》开篇这个故事，颜回想去游世间，也就是想解牛，但是他没有道，只有一点儿儒家的修养，懂得一些"仁义礼智信"，所以如果去解牛的话，他那把刀，充其量是一个"良庖"，差一点儿就是"族庖"，一年甚至一个月刀就要坏掉了，绝对做不到像庖丁那样，十九年下来，解牛千头，而刀就像磨刀石上刚磨过一样。颜回与孔子的对话，就是在探讨这个问题，孔子就告诉颜回，你没有道，你必须入道，然后才能入世。我们来看：

　　颜回见仲尼，请行。曰："奚之？"曰："将之卫。"曰："奚为焉？"曰："回闻卫君，其年壮，其行独，轻用其国，而不见其过。轻用民死，死者以国量乎泽若蕉，民其无如矣！回尝闻之夫子曰：'治国去之，乱国就之，医门多疾。'愿以所闻思其则，庶几其国有瘳乎！"

颜回去见孔子，他觉得自己仁义礼智信那一套已经很熟了，准备入世间了，就跟老师说，我要走了。孔子问他：你要干吗？颜回说，我要去卫国。孔子问，你去卫国准备干吗？颜回说，听说卫国的君王，独断专行，拿国家来任意乱搞，自己从来不知道反悔，结果死了很多老百姓，整个国家好像一片焦土，老百姓都已经不知道怎么办了。我听老师你讲过，如果一个国家已经治理好了那就不用去了，就离开那个国家；如果一个国家很混乱，我们就应该要去救它，患者都会来找你。颜回意思是他想当医生，给卫国治疗。

　　仲尼曰："嘻，若殆往而刑耳！夫道不欲杂，杂则多，多则扰，扰则忧，忧而不救。古之至人，先存诸己，而后存诸人。所存于己者未定，何暇至于暴人之所行！且若亦知夫德之所荡而知之所为出乎哉？德荡乎名，知出乎争。名也者，相轧也；知也者，争之器也。二者凶器，非所以尽行也。

　　孔子一听，回答说，咦，你准备自己去找牢坐啊？自讨苦吃啊？孔子见颜回那个样子，知道他见到卫王肯定被抓起来用刑。孔子接着说，你的修行，功夫根本不够，内心都还很杂乱，好像章法很多，其实自己根本没有达到一定的境界，就想去救人。我们的古人要想救人，首先要度自己，首先自己要超越，才能够去救人家。要不然你自己的修养都没到，还想去教化一个暴君，那你不是自己找打？肯定被用刑。

　　这是庄子告诉我们，我们用的一些所谓的儒家的法则，是行不通的。仁义礼智信的那一套，条条框框那么多，一大堆戒律，想拿去框人家，人家不拿你上刑才怪。庄子是借用孔子的话，来讲颜回学的那一套是不行的，事实上是说儒家的思想不行。这是道家拿儒家的头来摇，然后反过来还调侃儒家思想，庄子很厉害。

　　孔子接着说："且若亦知夫德之所荡而知之所为出乎哉？德荡乎名，知出乎争。名也者，相轧也；知也者，争之器也。二者凶器，非所以尽行也。""德"，就是我们现在学到的仁义礼智信，人们学这个"德"，其实是去争名、求名，为了名，才展现"德"，学习这些知识性的东西，是为了斗争。所以名气和知识，这两个东西其实都是凶器，从修行来讲，都是往外走的，不是往内走。这就是《养生主》讲到的知性，知性可以往外走，也可以往内走。往内，是往道的方向走；往外走，就是求名、求利、求斗争，要争胜负，这种都属于现代社会的斗争思维。

我们现在所学的知识，是不是都与竞争有关？我们与天地斗，与万物斗，国家与国家斗，人与人斗，我们了解自然也是为了斗争、占有，所以这种知识庄子叫作"争之器"，是一种凶器。名，也是斗争来的，争名夺利。我们想方设法聚集自己的名气，认为自己好像很有品德的样子，其实这是有为的，并不是真正的道所展现出来的德，是人为地克制自己、控制自己，"你看看我戒律守得多好"，这是人为的。这种人为的"德"，实际上近乎求名。那么名声越大，你离道越远。庄子是在讲这个意思，所以颜回实际上并不懂得内心真正的修养在何处。

且德厚信矼，未达人气；名闻不争，未达人心。而强以仁义绳墨之言术暴人之前者，是以人恶有其美也，命之曰菑人。菑人者，人必反菑之。若殆为人菑夫。且苟为悦贤而恶不肖，恶用而求有以异？若唯无诏，王公必将乘人而斗其捷。而目将荧之，而色将平之，口将营之，容将形之，心且成之。是以火救火，以水救水，名之曰益多。顺始无穷，若殆以不信厚言，必死于暴人之前矣！"

孔子说，颜回，你是学会了仁义礼智信那一套东西，然后自以为是，却根本都不通人心，人们也根本不会真正信服你。然后你拿这一套仁义礼智信这五根绳子，想去套住暴人，这不是自取灭亡吗？"是以人恶有其美也"，这就相当于拿人家的恶来展现自己的美，跟人家说我有仁义礼智信，你这样是个恶人，等于展现自己贬低别人，还觉得自己很美，那不是逼人家恨你吗？让人恨的人，最后肯定自己挨搞，所以你肯定要被卫王上刑。再说，一般的人是喜欢贤能的人而讨厌恶人，但是人们也都喜欢同类，而不喜欢异己，像你这样的，人家卫王又没有宣召你，你过去之后，卫国朝野的大臣肯定也要排挤你，你在卫国就是一个异类，那你想想那些人会怎么对待你？眼睛怎么藐视你？嘴巴、表情、心里，都在想着怎么搞你，所以你这叫作"以火救火，以水救水"。如果你现在不相信我说的，你去了卫国，必定死在暴人手里。也就是说，颜回这一套，他现在的水平，是有为法。他用这把有为法的刀去解牛的话，砍的肯定是骨头，刀肯定坏了。下面又开始进一步举例子：

且昔者桀杀关龙逢，纣杀王子比干，是皆修其身以下伛拊人之民，以下拂其上者也，故其君因其修以挤之。是好名者也。且昔者尧攻丛、枝、胥敖，禹攻有扈。国为虚厉，身为刑戮。其用兵不止，其求实无已。是皆求名实者也，而独不闻之乎？名实者，圣人之所不能胜也，而况若乎？虽然，若必有以也，尝以语我来。"

孔子又说：之前的朝代，像关龙逢、比干这样的忠臣，为什么会被杀？因为他们展现自己对老百姓好的那种品德，已经超越了皇帝，令皇帝觉得"你意思是你比我还好咯"，那不杀他们杀谁？所以颜回像你这样的行为等于是去挤兑别人，是好名的人。连古时候的圣人，像尧、禹，他们也要倾全国之力去打仗，灭掉周边的小国家，那按照你颜回的原则，就认为这些圣人也是做错了？也是暴君、没有一点仁慈之心咯？所以你根本不知道圣人究竟是怎么回事，还以为自己比圣人还厉害。这是孔子在教训颜回，告诉颜回他的修养还差远了。然后教训完了，孔子又问颜回，怎么样？你还有什么见地？说出来听听。

颜回曰："端而虚，勉而一，则可乎？"曰："恶！恶可！夫以阳为充孔扬，采色不定，常人之所不违，因案人之所感，以求容与其心。名之曰日渐之德不成，而况大德乎！将执而不化，外合而内不訾，其庸讵可乎？"

颜回发现仁义礼智信那一套不行，又开始想另一招。他说，那么我进入到守一的状态，什么都虚掉，就只守一，以一念带万念，这样行不行呢？老师你刚才不是说我杂乱无章吗？我现在守一，我不求名也不求利，我什么都不想。颜回意思是他处在"一"的状态里面，相当于自己有点儿功夫了，打坐能够"知一"了。我们现在很多人练功都是在用守一这个法，比如意守丹田，或者是观想一个画面，有很多种守一的方法，都是以一念带万念。

孔子回答说，不行。因为这个守一，能得一点儿阳气，好像阳气很足，但是这种阳气是浮阳在外，面容的脸色神采不定，经常变化，这种状态是没有办法感化别人的，因为只是靠固守一个东西，他的内心不能够和人家相应，"求容与其心"，就是说在这种境界里是不足以感化别人的。真正的感化，是不用说话就可以把人家感化的。而颜回光懂得自己守住一个"一"，让自己的心不乱，这样出现的气场是大了，但是不能够感化别人的。

"然则我内直而外曲，成而上比。内直者，与天为徒。与天为徒者，知天子之与己皆天之所子，而独以己言蕲乎而人善之，蕲乎而人不善之邪？若然者，人谓之童子，是之谓与天为徒。外曲者，与人为之徒也。擎踞曲拳，人臣之礼也。人皆为之，吾敢不为邪？为人之所为者，人亦无疵焉，是之谓与人为徒。成而上比者，与古为徒。其言虽教谪之实也，古之有也，非吾有也。若然者，虽直而不病，是之谓与古为徒。若是则可乎？"仲尼曰："恶！恶可！大多政，法而不谍。虽固，亦无罪。虽然，止是耳矣，夫胡可以及化！犹师心者也。"

颜回又说，那我向老天学习，内直外曲。"内直"，是"与天为徒"，因为不论天子与我都是老天爷的子民，所以我们都是善良的，就像小孩的一颗童心一样，见到什么就说什么，心是直的，不拐弯，很纯真，我就像一个纯真的小孩儿。我就用这样的天性，去和人家相处，"与天为徒"。那么如果人家和我讲理，讲仁义礼智信那一套，那么我就也讲理，也就是"外曲"，人家怎么做我就怎么做，"与人为徒"，这样总不会有问题吧？而且我所说的话，都是古人说的，不是我说的，虽然我想教化卫王，但我所说教的都是古人说的，错了也是古人错，不是我自己错，"古之有也，非吾有也"。所以就算出问题了，我应该也不会有什么事。老师你看我这样行不行啊？

所以这个颜回，用的全是有为法。那么孔子一听，这三招"与天为徒""与人为徒""与古为徒"，还是不行。这一套看起来没什么罪过，但是仍是教化不了别人的。因为还是用有为的心，还处在一种有为的状态，动的全是妄心。所以这种有为的、人为的东西，怎么学都没有用，学谁都没用。学来学去，其实都是在砍骨头、砍筋筋绊绊，还以为自己很有章法。

颜回曰："吾无以进矣，敢问其方。"仲尼曰："斋，吾将语若。有而为之，其易邪？易之者，皞天不宜。"颜回曰："回之家贫，唯不饮酒不茹荤者数月矣。如此则可以为斋乎？"曰："是祭祀之斋，非心斋也。"

这时颜回就傻眼了，说，老师那我实在是搞不懂了，我也不知道怎么办，请教教我吧。孔子说，斋，我要告诉你的就这么一个字。你这种有心为之的东西，都是歪门邪道。所以有为法都是邪道，根本都不能够天人合一，这是不行的。颜回一听这个"斋"，以为是吃斋，就说，老师我很穷啊，从来不喝酒啊，也没有荤腥吃，都已经好几个月了。这样算斋了吧？孔子说，你这个是祭祀的"斋"，不是"心斋"，我说的是"心斋"。

回曰："敢问心斋。"仲尼曰："若一志，无听之以耳而听之以心；无听之以心而听之以气。耳止于听，心止于符。气也者，虚而待物者也。唯道集虚。虚者，心斋也。"

颜回说，那什么是心斋啊？孔子说，不要用你的感官，而要用你的心；用心不要用妄心，要去体会气；听的时候，不要用耳朵，体会、感受的时候，不要用思想，不要管意念。慢慢这样，进入虚无的状态。这就是老子说的"致虚极，守静笃"，关键就是"虚"。

这一段讲的是道门的修炼心法。我们之前讲过"守心不守意"，也就是"心止于符"，不要去守意念，不要跟着你的意念跑，要反观你的本心；要"守无不守有"，要进入无的状态，不要去体会那些万物，那些是"有"，而修行是往虚无的方向走，所以就要体会气，"守气不守动"。这是道门心法，在这里庄子借孔子的嘴来说。

颜回曰："回之未始得使，实自回也；得使之也，未始有回也，可谓虚乎？"夫子曰："尽矣！吾语若：若能入游其樊而无感其名，入则鸣，不入则止。无门无毒，一宅而寓于不得已，则几矣。绝迹易，无行地难。为人使易以伪，为天使难以伪。闻以有翼飞者矣，未闻以无翼飞者也；闻以有知知者矣，未闻以无知知者也。瞻彼阒者，虚室生白，吉祥止止。夫且不止，是之谓坐驰。夫徇耳目内通而外于心知，鬼神将来舍，而况人乎！是万物之化也，禹、舜之所纽也，伏戏、几蘧之所行终，而况散焉者乎！"

颜回动作也很快，马上就回去练了，然后回来报告说，刚开始坐的时候，还有我这个颜回在，再坐下去，就进入境界了，就忘我了，这样行了吗？

孔子一听，说，不错嘛，"尽矣"。你在这个境界里，打坐的时候可以无我，那么你在入世的时候呢？能做到"无门无毒"吗？没有任何有为的东西吗？也不会用任何仁义礼智信的东西套人，去套人就相当于用毒啊。一个人的身体就相当于他的房子一样，"一宅而寓于不得已"，一切都是不得已而为之，是无为而治的，那么就差不多了，"则几矣"。

这是孔子告诉颜回，你现在练习得已经算不错了，但是这是打坐时候的境界。那么在入世的时候，真正做事的时候，你能不能做到这样呢？能不能随遇而安，碰到一切事就像居住在房子里一样，很安定的，如果能这样，那就差不多了。

然后，孔子就开始描述真正的圣境。"绝迹易，无行地难"，就是说想让痕迹消失，是很容易的，而根本连行都没有，很难。"为人使易以伪，为天使难以伪"，作为人，消除人为很难；如果无我，天人合一，你想有为，也做不到。"闻以有翼飞者矣，未闻以无翼飞者也"，人们听说有翅膀可以飞的东西，而没听说过不用翅膀也可以飞；"闻以有知知者矣，未闻以无知知者也"，听说过有知识而知道的人，而没听说过在无知的状态可以获得的那种知识。意思是说，圣境是在无知的境界，是无为无知而能够洞见万象的境界。"瞻彼阕者，虚室生白，吉祥止止。夫且不止，是之谓坐驰。"能够圆满无缺的、无漏的圣人，整个人只是坐在那里，就光明无限，把房子都照亮，这是真正的定境，叫作"坐驰"，一切自然吉祥如意。"夫徇耳目内通而外于心知"，这种定境不是通过耳目往外走去知道一切，而是往内。耳目是内照，往内，"内通而外于心知"，在里面进入定境以后出来的光明，洞见，是这种境界。在这种境界里，"鬼神将来舍，而况人乎"，鬼神都跑到你这里来，更何况是人呢？所以这就是感化，"是万物之化也"，这就是道的境界，是万物之化。"禹、舜之所纽也，伏戏、几蘧之所行终，而况散焉者乎！"古时候的这些圣人全是这么修出来的，就是这么一个法。

所以一定是往内走，从"知"的境界往内走，五官封闭，往内。之后，进到内在以后，出现光明，光明溢满出来，"虚室生白"，洞见真理，这是彼岸的真理，不是有为的、用思维去推算来的，不是一种思辨，这才是前面《养生主》讲到的"观知止而神欲行"的境界，才能够解牛达到了神化的境界。只有这样练，进入了这种境界之后，你才能去感化别人，否则的话，自己都是一塌糊涂，用的都是后天妄心，在那里推理分析，学别人的口舌，捡得几句古人说的话，然后就想去教化人家，这是找死。庄子是在讲这个道理。所以庄子的思想是连贯的，前面讲养生，现在讲入世，道理都一样，关键要入道，当你入道以后，"虚室生白，吉祥止止"，连鬼神都跑到你胸中来，何况人？道者是一种感化，就像释迦牟尼当年放弃苦行，结果跟他修行的那些弟子以为他不愿吃苦。退道，纷纷唾弃他、骂他，不理他。结果他在菩提树下打坐，就达到了庄子前面描述的境界，当他走出树林，之前那些弟子，就仅仅是看到他的样子，就不自觉地跪下来，给他擦脚、服侍他，这就是被感化，是一股无形的能量、心灵的境界、气质的变化，令他人为之动容，这不是一般学得来的，是修出来的。所以这种人和你在一起时间长了，皇帝都会被感化，不用说话都会被感化，其实他也不会主动去和你说什么。你和他在一起的时候，看见他就像一面镜子，你心不安的时候去到他身边，你的心就安了，烦恼就不见了，就被他的光明所照，这种感觉是不一样的。像卫王、纣王这样的暴君，不是开坑笑啊，一般的人，你想去教化他们，那肯定是必死无疑，比干就被挖心了。

庄子讲来讲去，还是讲道。他不是讲世间法的。他是讲出世间的境界，然后再入世间。如果你没有道，你入世间就是烦恼。只有自己入道之后，才能去感化，所以要"先存诸己"，是这个意思。否则的话，想去教化别人其实都是自己搞自己。我们看很多人修行，学了一点吃斋，就天天叫别人去吃斋，这就是拿一根绳子去套人家，套得人家烦死了，看见人吃肉他就念"下地狱！下地狱"，你和他在一起你说烦不烦？这就是学了一点儿条条框框，然后到处去框人，就和孔子说颜回一样，还想去治理暴君，他不知道去治理的时候就会被反弹，人家反而搞死他，这就是"菑人者，人必反菑之"。所以我们现在就喜欢拿框框去框人，学了一点儿东西就开始规定这样规定那样，去教化别人，却不知道自己根本是一塌糊涂，学的全是有为法，一点儿光明都不见，自己处在一种无明的状态，还想去教化别人，这是不行的。所以庄子就是在不断反复阐述这样的道理，告诉我们怎么进入彼岸的智慧。

我们前面第三篇讲的《养生主》，讲了庖丁解牛，关键在于养道。庄子讲的是很完全的法，事实上讲的全部是无为法，他所列举的故事，其实是在批判各种各样的人，意在告诉我们只有在无为的状态才是正确的，有为的状态都是错的。前面从《逍遥游》讲起，在一种无我的状态下"齐物"，也就是众生平等、万物一体的状态，内心没有分别，没有人为的冲动；接着讲《养生主》，养道，养的是我们的"本心"；现在更深一步讲入世间，在世间怎么做。那么首先以颜回和孔子的对话来讲一个故事，现在用叶公子高和孔子的对话来讲。因为从世间法的角度来说，儒家的法教是有名的，所以庄子假托孔子的身份来说道家的思想，从道家的法度来谈怎么入世。

叶公子高将使于齐，问于仲尼曰："王使诸梁也甚重。齐之待使者，盖将甚敬而不急。匹夫犹未可动也，而况诸侯乎！吾甚慄之。子常语诸梁也曰：'凡事若小若大，寡不道以懽成。事若不成，则必有人道之患；事若成，则必有阴阳之患。若成若不成而后无患者，唯有德者能之。'吾食也执粗而不臧，爨无欲清之人。今吾朝受命而夕饮冰，我其内热与！吾未至乎事之情，而既有阴阳之患矣。事若不成，必有人道之患，是两也。为人臣者不足以任之，子其有以语我来！"

叶公子高将要出使齐国，就跑去见他的老师孔子说，老师啊，国王对我很器重，让我出使齐国，齐国对待使者表面上很恭敬，但是其实心里根本不当一回事。这样的话，一般人我都不容易说服，更何况君主呢？我感觉到很恐惧啊。老师你经常和我说，做事，不论是小事大事，只要想做成它，就会耗散一个人的精气，因为你会认真去做，做成了，结果就把精气耗散，就有"阴阳之患"，也就是生病；如果做不成，就有"人道之患"，事情没做成，那就是人的事情没办好。所以是两难，不管做成做不成都会生病，不是身体之病就是人事之病，人与人互相之间觉得你这个人不行，也是一种病。

那么"唯有德者能之"，只有品德很高的人才处理得好。而我这么个人，吃得很粗糙，也没有什么太大的欲望，从来都是清心寡欲，一般来讲身体应该是不错的，结果我今天早上一接受王命，傍晚就已经感觉到内热，总想吃冰的，身体里面已经觉得很难受了，心马上就急了，恐慌了。所以我还没去出使齐国呢，阴阳之患就已经来了，如果去做这个事做不成，人道之患也来，搞不好直接在齐国就被杀头，就算回来也没什么脸面去面见君王，反正人事之道也是不行了。两边我都不好弄，怎么做都不行，老师啊，你教教我怎么办啊！

入世间怎么办？庄子就借用这个故事来说，在世间，很难。为什么难？因为我们有欲望，有心，人为地想完成某些事，这样你就肯定会有阴阳之患，你动了欲望。所以这里我们把庄子的核心思想先抓出来，也就是下面说到的"且夫乘物以游心，托不得已以养中，至矣"。也就是说一个真正品德高尚的人是怎样的呢？"乘物以游心"，就说世间这些事情像游戏一样，都是因为不得已而为之，然后他养住他的本来，他懂得道在哪里，然后他守住，"于第一义而不动"，养住这个东西就可以了，根本不急，他是游戏其中，这样才是最高境界。

"何作为报也！莫若为致命。此其难者。"——所以其中的关键是你要把这些看作不得已，是命。一切事，不管什么情况，你不要急，关键是要懂得游戏人间，不要认真，不要把事情搞成人为的认真，然后很努力、拼命，成功和失败你很在乎，太有为了，庄子在批判这一点。庄子要讲的是出世间的法，绝不是世间的东西，只不过是借用世间的事情讲出世间的心法，这一点大家要注意。下面继续讲孔子的回答。

仲尼曰："天下有大戒二：其一，命也，其一，义也。子之爱亲，命也，不可解于心；臣之事君，义也，无适而非君也，无所逃于天地之间。是之谓大戒。是以夫事其亲者，不择地而安之，孝之至也；夫事其君者，不择事而安之，忠之盛也。自事其心者，哀乐不易施乎前，知其不可奈何而安之若命，德之至也。为人臣子者，固有所不得已。行事之情而忘其身，何暇至于悦生而恶死！夫子其行可矣！

孔子说，天下人有两个大的戒律：一个命，一个义。什么叫命呢？你一出生，注定你的父母是谁，由不得你选，这是不是命啊？所以你一出生就注定是这一家的人，这些亲人一定是你的了，你没招。这就叫命，没得选，与生俱来。所以你没办法，这是你的命啊，然后就有血缘关系，有血缘关系自然你就有感情，你的亲情就产生了。这都属于命。命的事情，"不可解于心"，你的心根本解脱不了，放不下，你老爸一着急你就跟着急，老妈急你也跟着急。

什么叫义呢？以前的皇帝代表一个国家，你是他的臣子，那么君叫臣死臣不得不死，这是古代的风气，这就是义。一个人在这个世界上，不可能不需要一个地方生活，那么你生在这个国家，注定就是这个国家的子民，能跑去哪里？"无所逃于天地之间"，你根本逃不了。所以皇帝找你办事情，你敢不办？还得老老实实去办，这就是义，你义无反顾，非做不可。国家叫你献身，去当兵打仗，你得去啊，以前抓壮丁，由不得你说不。所以这就是人生两大戒。

"是以夫事其亲者，不择地而安之，孝之至也"，所以不论在什么场合、在什么情况下，你对你的亲人都要孝顺，这是没办法的，这是人世间。这就是《道德经》中讲到的"和光同尘"，你没办法，这个俗世、这个世间就是这样，就是讲究这些孝慈、仁义，那你就特殊一点，非要反着干，那不行啊。这是庄子的意思，也就是说，在世间里面，你要和光随俗，但是如果你的内心也完全跟着这一套世间法在转，那你就完了。你的行为、做法，必须和世间的人一样，但是心里不要太在乎你自己的利益、你的快乐与否、你身体的舒适度，这些都不要太在乎。所以世间事照样做，但是你的心不是去有为地追求，而是超脱的，你的心只是守住道。

庄子是在讲这个道理，我们要注意。大家切忌不要理解偏了，被庄子的文字忽悠了，他玩的不是儒家思想。他是做着儒家的行为，而内心如如不动。这就是六祖说的"于第一义而不动"，这才是真正的庄子的思想。

"夫事其君者，不择事而安之，忠之盛也"，从这里我们看，其实"孝"和"义"，都是一种情感，也就是说，是没什么道理讲，是你父亲，你就是要孝顺他，他怎么骂你、有没有道理你根本不要去管，你不要去和他讲道理，没道理可讲，就顺着他，这是孝之至。那么对君主也是这样，皇帝叫你干什么，错也得干、对也得干，你不能说"我不干，我要和你斗"，那就是不义。所以这都是一种情，没有理可言，这种命的事情都是如此。所以在家里面和你的亲人不要讲道理，要讲感情，你只管对他好，让家人的心情开朗，让他舒服，他的错与对你不要去计较。你的心，要处在道的境界，庄子的水平是很高的啊，要不然怎么庖丁解牛呢？你如果用意去分别对错，那完了，意中生意，还在那里分别是对啊错啊，那哪里是庄子的境界呢？

所以"自事其心者"，要体会你的本来，"哀乐不易施乎前"，哀乐不能进入你的内心。大家看到，这才是庄子的本意，这才是真实的修行的奥妙。我们要用仁义礼智信作为我们的翅膀，在人世间周游，但是不能用我们的心，这才是高境界啊！要不然，你怎么玩儿呢？用你的心跟着这个世间转，那还修什么？怎么可能还逍遥呢？那就完蛋了，仁义礼智信五根绳子把你套死了，这是老子说孔子的话，老子说孔子拿仁义礼智信五根绳子把世人套得死死的。所以你注意哟，我们的行为照着这么做，但是我们的心不能挨套，而要去修道，要入道，要入在本来，如如不动，"独立而不改，周行而不殆"的那里。

"知其不可奈何而安之若命"，懂得仁义礼智信这些事情是没有办法的，不可奈何，安之若命。我就生在这个家，就是这样的父母，这样的姊妹兄弟，就是这么做，这是不可奈何的，这是命。这样的人，叫"德之至也"。只有这种品德的人，才能办成"唯有德者能之"的事，这种品德的人才不会有"阴阳之患"。否则的话阴阳之患是必然的，心在晃来晃去，纠结来纠结去，少阳马上出来，必然的。

"为人臣子者，固有所不得已。行事之情而忘其身，何暇至于悦生而恶死！"在世间，有命有义，这些仁义礼智信的事情，是没有办法的，那么我们照做就行了，不要在乎自己的得失，那么连生死都放下了，何况成功和失败呢？"夫子其行可矣！"就这么做就行了。这是庄子借用孔子的嘴巴，说了入世间修行的道路和方法。这就是庄子的高妙，既不失俗世的仁义，又不失其本心。这就是道家说的"外圆内方"，外面是圆的，和世间人都一样，但是他的心不一样。这就是庄子的真义。下面再继续重复交代，叫你不要有为。

丘请复以所闻：凡交近则必相靡以信，远则必忠之以言。言必或传之。夫传两喜两怒之言，天下之难者也。夫两喜必多溢美之言，两怒必多溢恶之言。凡溢之类妄，妄则其信之也莫，莫则传言者殃。故法言曰：'传其常情，无传其溢言，则几乎全。'"

这一段是告诉我们，当你太有为的时候，就离开了真实的东西。本来事情的真相是这样，但是你想让它显得很好，你就故意把它说得很好，这就是"溢美"。那件事情本来没那么坏，你就"溢恶"，因为我们太有为，我们的心总想要干吗干吗，才会这么做。所以有为法很搞人，苗还在长，你硬去拔苗，那苗不是死掉了吗？这种揠苗助长的事情能干吗？所以有为法在世间也是行不通的，都是违背道的。所以"人机一动，天机就灭"，就是这个道理。

那么凡是我们的妄心搞的东西都是妄的，"凡溢之类妄，妄则信之也莫"，因为妄，所以就不真实，是失真的，"莫则传言者殃"，最后肯定挨搞，因为你搞假的，最后肯定不得人心。"故《法言》曰：'传其常情，无传其溢言，则几乎全。'"所以自古以来的准则、格言就说，我们要传"常情"，是怎么样就怎么说，不要去搞一些假的、虚妄的东西，去人为地加工，以为自己很巧言善辩，能忽悠人，搞一大推忽悠的话，最后自己肯定挨搞。

且以巧斗力者，始乎阳，常卒乎阴，大至则多奇巧；以礼饮酒者，始乎治，常卒乎乱，大至则多奇乐。凡事亦然，始乎谅，常卒乎鄙；其作始也简，其将毕也必巨。

这种妄心妄为，刚开始好像只是玩玩儿，比方两个人你拍我一下我拍你一下，刚开始蛮乐的，挺好玩儿，到后来就开始玩阴的，就互相打，所以这种奇巧的事最后都是没有什么好结果。"以礼饮酒者，始乎治"，喝酒的人也是这样，你一杯我一杯，很有礼节的样子，到后面就开始乱了，大家你一套我一套，最后就是互相骂。所以所有的事都是这样，这种有为的东西刚开始都蛮好，因为你会忽悠，人家都蛮信你，到了后面人家都知道就都开始鄙视你，知道你这个家伙是讲假话，一天到晚忽悠人。这种事情不行，因为你刚开始不觉得，到后面出来的灾难就大了。这是庄子在讲有为的东西，我们的人心为了掩盖，会去搞一些更虚假的东西，到后面都是不可收拾的。现在我们很多企业都是这样，到最后都是不得善终，所以有为法，最后都是梦幻泡影。

言者，风波也；行者，实丧也。夫风波易以动，实丧易以危。故忿设无由，巧言偏辞。兽死不择音，气息茀然，于是并生厉心。克核大至，则必有不肖之心应之，而不知其然也。苟为不知其然也，孰知其所终！故法言曰：'无迁令，无劝成，过度益也。'迁令劝成殆事，美成在久，恶成不及改，可不慎与！且夫乘物以游心，托不得已以养中，至矣。何作为报也？莫若为致命，此其难者。"

"言者，风波也；行者，实丧也。夫风波易以动，实丧易以危。"所以嘴巴不要乱讲话，要守住口，至少要存乎心，不要忽悠人。意，守在第一义；身体的行为，也很重要，"行者，实丧也"，做错了直接就出问题了。"故忿设无由，巧言偏辞"，"巧言偏辞"，就是很多人为的语言和思想，说出来的东西让人家很生气。"兽死不择音，气息茀然，于是并生心厉。克核大至，则必有不肖之心应之，而不知其然也。"这就是说，我们太多有为的东西，一定会有反馈，太过了，不论是太过还是不及，你人为的东西不真实、不在自然的状态，最后肯定有反馈，反馈回来的东西和你有为的东西一定是相应的，太过就有太过的反应，不及就有不及的反应。

"不肖之心"，就是不真实的东西，那么一定有相应的结果。"苟为不知其然也，孰知其所终！故法言曰：'无迁令，无劝成，过度益也。'"所以不要去乱折腾，不要自己去乱搞一套，人家命令下来，你就换成另一种语言来表达，为了讨好别人或者逗人家生气，你就擅自改了，这就是"迁令"。同时也不要人为地去"劝成"，这都是"过度益也"，就是人为、太过有为。"迁令劝成殆事，美成在久"，这样的过度有为，把事情都搞坏了，"恶成不及改，可不慎与"，把事情搞坏了，是很难改的，所以我们要慎重。有时候我们人呢，有为的心太强，"阴阳之患"也是它搞出来的，"殆事""恶成"也是它搞出来的，因为不真实了，尽是搞一些自己想象的东西，"我希望这样……""我希望那样……"，然后就去忽悠，把事情给掩盖掉，真相就不见了。所以相应地一定是"不肖之心"来应和你，因为人家得到的信息都是不对称的，那么做出来的结果肯定也是不对的，最后就是坏了人家的事。

"且夫乘物以游心，托不得已以养中，至矣。何作为报也！莫若为致命。此其难者。"这是讲庄子的心法，也就是说，世间的事都是不得已而为之，所以佛家说"不攀缘""随缘"，不要有为，一切随缘就好，"不得已以养中"，这个不得已就是说我们都是"吹万不同"，我们要守住本来，守住那个"怒者其谁"，吹万出来的都是相，各种各样都是相，不要执着，都是背后的道推动出来的，你不要以为是你要做的，"我要怎么怎么样""我今天多聪明，这样一弄就成功了"，其实根本不是你，你根本都不知道你是谁。"哎呀，我今天太失败了，一塌糊涂……"又开始伤心了，你要知道失败也不是你弄出来的，只是一些相而已。

以前有一次我和我的老师去外地，一上火车，看到火车票上的数字，把八卦一罗列出来，老师说，"嗯，到那边肯定下雨"，而当地有一个大师正好在发功降雨，所以到底是本来就下雨、还是大师功夫高降了雨，我都搞不清楚了。很多时候我们的心、我们的欲望刚好和事件的发生情况同步，那么你就觉得很爽，"嗯，是我搞出来的"，一不同步，不是你预期的那样，你就觉得"唉，我太差了"，其实都不是那回事，你都不知道你是谁。

这就是庄子说的影子，你只是一个影子，影子是跟着主人在跑的，所以声音发出来只是因为风吹，结果你以为那个窍是自己发声。这就是"众窍""人籁、地籁、天籁"，庄子前面就讲过了这个问题。为什么要讲这个问题？就是告诉你：现在我们讲话，不是我们在讲，只是和吹笛子一样，有股风一吹就响了。我们要找到那个"怒者其谁"。要找到那个本我，找到我们的本来，找到道才是本质，其他的东西都是有待的，都是被另外的东西所主宰的，一层套一层的。所以老子说："人法地，地法天，天法道，道法自然"，人是被地所主宰，地是被天所主宰，天被道所主宰，所以你千万不要以为你在主宰自己，并不是。要去找到那个本来，然后才得其中，才懂得"养中"，也就是"环中""中庸"。这个"中"是虚的，是空性，哪有什么东西呢？

然后你要"守中"啊，人世间的一些起起落落，要安之若素，对这些有相的东西，要懂得齐物，不外乎八个卦象，看上去很多变化，这些变化是注定的，生死也不过是两个相而已，成败也只是两个相，这些相，动不了你的本来，本来从未消失过，所以佛家说"不生不灭"。你如果无法超越黑白无常，你所修的都是靠不住的。世间一切不外乎阴阳、黑白，无常地转动着，所以不论是谁都会被黑白无常勾走，没有什么事能够跳脱得掉。当你成功，失败就等着你，成功越大，失败越惨，都是在转动，所以不要执着，要去寻找不变的东西，要"得其环中"，太过、不及都是不行的。

颜阖将傅卫灵公太子，而问于蘧伯玉曰："有人于此，其德天杀。与之为无方，则危吾国；与之为有方，则危吾身。其知适足以知人之过，而不知其所以过。若然者，吾奈之何？"蘧伯玉曰："善哉问乎！戒之，慎之，正女身哉！形莫若就，心莫若和。虽然，之二者有患。就不欲入，和不欲出。形就而入，且为颠为灭，为崩为蹶；心和而出，且为声为名，为妖为孽。彼且为婴儿，亦与之为婴儿；彼且为无町畦，亦与之为无町畦；彼且为无崖，亦与之为无崖；达之，入于无疵。

颜阖要去做卫灵公的太子的老师，他去请教蘧伯玉说：这个太子啊，如果你不理他、不教他，那就会危害国家；如果你教呢，给一个条条框框，教他一些规则，那就被杀头，自己的生命就会有危险。而且这个太子，看别人的过错看得很清楚，却不知道自己有什么过错。这种情况，我该怎么办才好呢？这是颜阖去请教贤德。蘧伯玉就回答，实际上是庄子又开始借别人的口讲一个故事来阐述自己的观点，这个观点其实从来没变过，从第一篇开始到最后都是一个观点，大家不要被庄子那么多的故事给搞迷糊了。

蘧伯玉说，啊呀你问得好啊！"戒之，慎之，正女身哉！"按照现在的语言来解释，就是戒律，但是其实不是庄子的本意。"戒""慎"，这种都是有为法，庄子是不搞有为法的，大家注意啊！我们看看他所谓的"戒之，慎之"究竟是什么意思？"形莫若就，心莫若和"，这才是庄子的法则，真正的法则是这个。"形莫若就"，"就"，迁就、随顺，你和这个太子相处的时候，不要逆着他，所作所为都要顺着他；"心莫若和"，你的心要空、要灵，要能够感应到他的内心，和他同步。这两句就是庄子真正的心法。

如果我们的心不能空，我们有自己的观点，你就看不见他人真实的内心，如果你的行为有自己的一套，就无法与别人同步。所以所谓"戒之，慎之"，是戒你自己的主观，慎你自己的主观，你不要有为，不要按你自己的那一套来搞。因为对方是一个太子，你和他相处，你必须要迁就他，心与他和，要懂得舍己为人，所以首先你要无我，没有无我的境界你别想去当这个太傅。

这就是庄子的回答，一上来还是先讲无我。没有这种无我的境界，想用自己的一套去框人家，肯定挨杀头，因为他不爽，他反过来就整你，也就是说你的功夫不到。所以我们中华民族的文化很高深，太极拳是怎么打？就是按这个原理打。首先一上手，一用劲，他的力道、所有的形体，完全空掉，心是空的，没有任何想法，但是你的力道一过来，他一接受，完全接受你，结果你的力道好像是没有东西可以着力，然后他完全和你同步，然后他引劲落空，与你同步的时候，慢慢带一带，就把你带到他需要的地方。这就是高手，这就是引导。但是首先要"行就""心和"，然后你才能够引导对方，这是真正的教育家。

讲到这里庄子已经把核心抛出来了，后面就是洋洋洒洒，都是讲这个道理。"虽然，之二者有患"，但是，"行就""心和"这两个东西，你只要一有为，就做不到了。"就不欲入"，你不要人为地想要超过人家，人家力道到这里，你先跑到一步，那就完了，不能够超过，也就是太过；"和不欲出"，也不要与人家同步不了，要完全的不黏不丢、黏随不离，跟着对方走。所以道家的功夫庄子悟透到什么境界，在这里完全展现出来。这不是开玩笑的。

"形就而入，且为颠为灭，为崩为蹶"，一旦有"入"，有为了就不行了，肯定是"颠""灭""崩""蹶"，肯定挨搞。有时候对方的力气比你大多了，道家太极，玩的是黏，随，不丢不顶，根本不用力，如果你靠力气和别人打你肯定完蛋，手早都断了。人家力道那么大，你是四两拨千斤，你一黏上去，他力一大了根本没有着力。这就是不能"入"，而且也不能"出"，"心和而出，且为声为名，为妖为孽"，也不行。

"彼且为婴儿，亦与之为婴儿"，他变婴儿你就也变婴儿，和他完全地同步；"彼且为无町畦，亦与之为无町畦"，他爱怎么扭怎么转，好像田埂一样，你就跟着他转，他来直的你就也直、来圆的你就也圆、来方的你就也方，不用自己搞一套；"彼且为无崖，亦与之为无崖"，他没有边界，你就也跟着他没有边界。"达之，入于无疵"，就是说要做到没有一点儿瑕疵，完全同步，这就是真正的高境界。

这种境界的高人，我们见过的就是当年北京师范大学的教授王培生，只要你和他一搭手，或者他随便拿个什么东西，比如一支笔，你只要一碰到那支笔，肯定摔跤，你的力度一动，他就黏着你，你出力他又是空的，你弄来弄去最后自己重心就倒了。那真是很厉害。就是庄子这里所说的功夫，一点儿没有太过，也不会不及，完全黏连黏随，不丢不顶。只要对方一有为，一想怎么样，就倒了，出一点儿力就倒。这就是中国道家的功夫。

汝不知夫螳螂乎？怒其臂以当车辙，不知其不胜任也，是其才之美者也。戒之，慎之，积伐而美者以犯之，几矣。

这就是前面所说的道理，你如果用力想改变什么东西，就相当于螳臂当车，人家一个太子，你想想能量多大？随便喊一声，那都是呼风唤雨，你那点力量不是像螳螂一样吗？还想去框住人家，一框你手就断，就必死无疑，根本没用。

汝不知夫养虎者乎？不敢以生物与之，为其杀之之怒也；不敢以全物与之，为其决之之怒也。时其饥饱，达其怒心。虎之与人异类而媚养己者，顺也；故其杀者，逆也。

夫爱马者，以筐盛矢，以蜃盛溺。适有蚊虻仆缘，而拊之不时，则缺衔毁首碎胸。意有所至而爱有所亡，可不慎邪！"

养老虎的人也是这样，要顺着老虎的性子养。你用一个活物给它吃，老虎为了杀死猎物，它的杀气就出来，所以你去养你很可能也跟着被杀。所以不敢拿活物给它吃，就是怕它的野性发出来。老虎和人都是异类，都要"媚养"，就是说你要顺着它，不能够逆，谁逆谁被杀。连马也是这样，庄子继续举例子。爱马的人，稍有不慎，那个马一脚就把你踢死，马那么善良都会踢死人，更不用说老虎了，你再想想这个太子是什么人？

爱马的人看见马的大便就拿筐去接，看到小便又去盛，有蚊虫去叮咬那匹马，就去赶蚊虫，结果马一脚就把你胸口踢碎，这就是"意有所至而爱有所亡，不可慎耶"，讲的就是这个道理。

以上这些例子所讲的要点，实际上是心决，就是说心一定要空，要明，要灵。所以在空的状态下要有光明，要有灵性，要有觉知，不能够糊涂，那个空性是有问题的。空明的时候，你才能够与物相"同"，才能够相应，应了以后才能够顺，然后在顺的状态下你才能够引导，这个时候你可以指引他的方向。你在引导，而他还以为是他自己的想法。这就是境界了，你把他引到这儿，他还以为是自己走过去的，这就是功夫。

所以这是真正的庄子的境界，是他所描述的入世间的方法。前面已经提到了这个法的基础，也就是"心斋"，你没有心斋的功夫，能够达到这样的境界吗？不可能。如果没有道，你能做到庖丁解牛吗？不可能。所以道理都一样，关键在于我们的心要空，要明，要灵，在这种状态下，才能与物相同，才能够和光同尘，要不然你怎么随俗啊？人家这个俗世在这里，你偏偏自己搞一套，人家不拿你来整才怪。以前违反世俗礼义，都要被浸猪笼丢到河里。所以要随俗，到一个国家，人家有自己的规矩，人家点头是表示"不是"，摇头是"是"的意思，那你用自己那一套去搞，那肯定挨打。

道理是一样，所以你的心必须空，忘掉自己原有的见解，才能够知道别人，否则的话都是听你自己的声音，根本听不见别人的声音，也不能以心设身处地。这是功夫啊，他心通也是这么来的。你自己的见解放在那里，你怎么知道人家的想法？你是带着有色眼镜。所以必须把自己空掉，才能够听见人家心里的声音，才能够体会别人的诉求，否则做不到的。其实那个声音很大的，只是自我的声音更大，才听不见而已。所以人就是执着自我，因为我执，自我膨胀，所以很多真相无法了知。

匠石之齐，至于曲辕，见栎社树。其大蔽数千牛，絜之百围，其高临山十仞而后有枝，其可以为舟者旁十数。观者如市，匠伯不顾，遂行不辍。弟子厌观之，走及匠石，曰："自吾执斧斤以随夫子，未尝见材如此其美也。先生不肯视，行不辍，何邪？"曰："已矣，勿言之矣！散木也。以为舟则沉，以为棺椁则速腐，以为器则速毁，以为门户则液樠，以为柱则蠹。是不材之木也，无所可用，故能若是之寿。"

匠石归，栎社见梦曰："女将恶乎比予哉？若将比予于文木邪？夫柤梨橘柚果蓏之属，实熟则剥，剥则辱。大枝折，小枝泄。此以其能苦其生者也。故不终其天年而中道夭，自掊击于世俗者也。物莫不若是。且予求无所可用久矣，几死，乃今得之，为予大用。使予也而有用，且得有此大也邪？且也若与予也皆物也，奈何哉其相物也！而几死之散人，又恶知散木？"匠石觉而诊其梦。弟子曰："趣取无用，则为社何邪？"曰："密！若无言！彼亦直寄焉，以为不知己者诟厉也。不为社者，且几有翦乎？且也彼其所保与众异，而

106 | 庄子玄解

以义誉之,不亦远乎?"

南伯子綦游乎商之丘,见大木焉有异:结驷千乘,隐将芘其所藾。子綦曰:"此何木也哉!此必有异材夫!"仰而视其细枝,则拳曲而不可以为栋梁;俯而视其大根,则轴解而不可以为棺椁;咶其叶,则口烂而为伤;嗅之,则使人狂酲三日而不已。子綦曰:"此果不材之木也,以至于此其大也。嗟乎神人,以此不材!"

宋有荆氏者,宜楸柏桑。其拱把而上者,求狙猴之杙者斩之;三围四围,求高名之丽者斩之;七围八围,贵人富商之家求樿傍者斩之。故未终其天年,而中道之夭于斧斤,此材之患之。故解之以牛之白颡者,与豚之亢鼻者,与人之有痔病者,不可以适河。此皆巫祝以知之矣,所以为不祥也。此乃神人之所以为大祥也。

这几段都是讲树,而且是奇大无比的树,都是无用而有大用。这是在比喻什么?道。庄子一直在说,道是无何有之乡,其大无边,所有的人都在道的笼罩下,日用而不知。事实上我们是依赖道在生存,就好像鱼在水中一样,我们人是在道中。所以这个道是大而看不见,以为它没用,事实上它的用处是无时无刻不在。你想分割它、割裂它,它就变了,就不是它了。庄子是在讲这个道理,事实上还是在阐述道,就是说我们必须体会这个道大而齐用,而且无处不在的这个境界。庄子前面与惠子也在讲这个问题,讨论"无何有之乡",就像这里说的大树一样,可以在树下乘凉,所以是重复地阐述道。这就是这几段的中心思想,懂得了中心思想,一看就能看懂了。

"匠石之齐,至于曲辕,见栎社树",一个木匠到曲辕这个地方,看到一个社树。社树就是社王,乡下很多村子里面每个村都有一棵大树,人们经常在树下烧香,放颗石头,放块红布,就开始拜了,这种就叫社树。

这棵树有多大呢?"其大蔽数千牛,絜之百围,其高临山十仞而后有枝,其可以为舟者旁十数。""观者如市,匠伯不顾,遂行不辍",很多人来看这棵树,但是那个木匠却根本看都不看,走过根本不停下来。

"弟子厌观之,走及匠石,曰:'自吾执斧斤以随夫子,未尝见材如此其美也。先生不肯视,行不辍,何邪?'"木匠的弟子见这棵树这么漂亮,可是师父连停都不停就走了,就马上过来问,自打我拿着斧子跟着师父你学艺以来还没见过这么好的木材,你为什么看也不看就走过去了呢?

"曰:'已矣,勿言之矣!散木也。以为舟则沉,以为棺椁则速腐,以为器则速毁,以为门户则液樠,以为柱则蠹。是不材之木也,无所可用,故能若是之寿。'"师父说,这是一种散木,做船就沉了,做棺材就腐烂,做一个器皿很快就坏掉,做门窗又出很多水,湿乎乎的,拿来做房柱就长虫。这种木头成不了材,它之所以那么长寿、长那么大就是因为它没有用。

事实上,是比喻道也是这样。一旦你分割它、想抓住它、想拿它具体地来用,它就不见了。所以,你一有为你就体会不到它。所以,我们为什么不悟道、老不开悟呢?就是因为我们老是想用它。我们的心都很功利,功利心很强,老是想拿个东西来搞,想要"为我所用",就像这个木匠一样,所以你就见不到这个散木真正的功用,庄子在讲这个道理。所以"无用之用"是道,不是别的什么,这是很高深的。我们就总是喜欢"有",不懂得"无"的功效。

接着,就讲这个木匠回到家睡觉就开始做梦了,梦见社王来找他了:"女将恶乎比予哉?若将比予于文木邪?"意思是说你拿我去和别的东西比啊?拿我去比什么文木这些东西啊?还是梨子、柚子这一大堆果子啊?"夫柤梨橘柚果蓏之属,实熟则剥,剥则辱。大枝折,小枝泄。此以其能苦其生者也。故不终其天年而中道夭,自掊击于世俗者也。物莫不若是。"这些果子,一成熟就被人家摘了,摘了就剥皮被人拿来吃了。所以只要是有形的、可用的,肯定是无常的,无常的东西你拿来和道比,那也太没有见地了吧,"自掊击于世俗者也",这是世俗的见地,见不到出世间的东西。而世俗的东西,没有一样不是无常的，没有一样能逃出生灭的结果。

"且予求无所可用久矣"，而且世俗的东西你能够去寄希望让它长久吗？"几死，乃今得之，为予大用"，有生必死，一生出来就往死的方向走，这是注定的，所以必须有出世间的道，这才是真正的大用。"使予也而有用，且得有此大也邪？且也若与予也皆物也，奈何哉其相物也？而几死之散人，又恶知散木！"你这个将死的散人，怎么能了解我这个散木呢！意思是说，你一个凡夫，眼见的都是功利，想的都是拿一个什么东西做成这个做成那个，怎么可能知道出世间的道的境界呢？不可能的事情。

"匠石觉而诊其梦"，木匠一醒过来就开始自己解梦。"弟子曰：'趣取无用，则为社何邪？'"弟子就说，这棵大树是不是因为无用才成了社王？

"曰：'密！若无言！'"师父说，不能说！意思就是言语就道断。道可以言说吗？说出来就不是，一说马上就落到有为，所以是"密"。就是说不是我们语言能够表达的，不是说不想讲、故作神秘，并不是这样。而是没办法说，这叫作"密"。

"彼亦直寄焉，以为不知己者诟厉也。不为社者，且几有翦乎？且也彼其所保与众异，而以义誉之，不亦远乎？"这是说，道和所有世俗的东西都不一样，所以道不可能受伤，因此可以长久，真正是永恒不变的，而又无所不在，这是描述这个境界。所以，庄子无处不在谈这个道。

其实整篇都在讲这个道，用各种方式、比喻来引导你体会、进入这个境界。下面是重言，就是重复把讲过的东西再讲一次，令你感觉深刻一点儿，"哦，这棵树是怎么样的"，其实和刚才讲的意思是一样的。

"南伯子綦游乎商之丘，见大木焉有异，结驷千乘，隐将芘其所藾"，前面讲大树之大是"能蔽千牛"，这里是"结驷千乘"。然后也是形容这棵树没有用：是子綦曰："此何木也哉！此必有异材夫！"

仰而视其细枝，则拳曲而不可以为栋梁；俯而视其大根，则轴解而不可以为棺椁；咶其叶，则口烂而为伤；嗅之，则使人狂酲，三日而不已。子綦曰："此果不材之木也，以至于此其大也。嗟乎；神人，以此不材！'"这棵大树弯弯曲曲，做木材也做不了，用它来做棺材它就腐烂；叶子一碰到嘴巴，嘴也会烂；一闻到树的味道，人都发狂，三天都停不下来。所以这棵树的全身都不能随便用，你随便一动你就发疯。

意思就是，道是不可用的。日用而不知，你自己又不知道，但是你想有为去用它就得不到，然后你自己实际上就是一个痴人，就是个狂人，你自己疯掉了你也不知道，因为你是个迷者，发疯者，所以你根本不可能知道的。所以就赞叹："嗟乎，神人，以此不材！"这个道真是够神啊！就是因为它没用，而无所不能用，它非常大，而又非常小，大而无外，小而无内，这是道的境界，那么庄子用一棵树来描述。

对于世间的术、谋略，庄子是不讲的，不可能是教人怎么搞谋略，他是在讲出世间的道，你怎么去参悟它。但是因为我们又要入世间，这篇题目就是"人间世"，那么你就要学会：你的心必须真正地空无，要入乡随俗，到任何地方要和光同尘，这样的话你就不容易受伤。庄子是讲这些东西，是讲道的用。所以首先你的心必须先做到"吉祥止止，虚室生白"，你做不到怎么能体会到道呢？你的心都不空，老是像这些木匠一样，动不动就想割这边割那边，那没用，那怎么能进入无何有之乡呢？进不了的，所以就见不到道的本质。

这里我们可以联系前面的内容来看。本篇前面有一段："仲尼曰：'天下有大戒二：其一，命也；其一，义也……自事其心者，哀乐不易施乎前，知其不可奈何而安之若命，德之至也。'"从这一段可以看到庄子真正描述的做人的最根本的道理就是"安之若素"，是"知其不可奈何"，所以根本不是像我们这么功利，总想着怎么能不受伤，然后还有很大的利益，并不是这个意思。接着他说："为人臣、子者，固有所不得已。行事之情而忘其身。"就是说什么事情照做，而忘记自己的身体，不可能去为了自己的利益搞谋略，根本不搞这些东西。

所以"何暇至于悦生而恶死"，他根本置生死于度外。这是一个道者。所以不可能去搞谋略，也不会是战战兢兢想着怎么去讨好人，道者都不会做这种事。"夫子其行可矣！"只要你真正有道，你根本不在乎你生命的生死，不在乎外物的得失。因为处在道的境界里面，就会有这样的感应和智慧，很自然的。庄子描述的这些道者的行为都是在道的状态下自然产生的，所以不是一种人为的谋略，不是有为的方式去胆战心惊地做人，不是这个意思。所以每一个故事讲下来，其实都是在描述道，描述道的无用之大用。

那么讲了大树的例子，现在接着开始以木头来举例。前面的例子是大树没用，所以就不被砍，现在讲小树有用，所以就被砍了，所以有用的东西肯定夭折。

"宋有荆氏者，宜楸、柏、桑。其拱把而上者，求狙猴之杙者斩之；三围四围，求高名之丽者斩之；七围八围，贵人富商之家求樿傍者斩之。故未终其天年，而中道之夭于斧斤，此材之患之。"楸、柏、桑这些小树，经常被人家砍来用，做这做那，长得正好的时候就被砍了。

"故解之以牛之白颡者与豚之亢鼻者，与人之有痔病者不可以适河。此皆巫祝以知之矣，所以为不祥也。此乃神人之所以为大祥也。"古时候祭祀的祭品，有用牛、用猪的，还有直接拿人来祭的。那么如果是牛的额头是白色的、猪的鼻子太翘，或长了痔疮的人，都不能作为祭品，因为是不祥之物。所以不祥反而是大祥，对于这些生命本身来说，就不用被杀。其实是比喻无用之大用，有用的肯定夭折。而我们人呢，就是喜欢有用，所以我们就有为，那肯定就是夭折。所以我们的精气神就是因为有为，被夺走了，那么你就离道而去了。所以你根本体会不到无用之大用，不能住在无何有之乡，不能够吉祥止止，不能够虚室生白。你的真实的、永恒的东西，你就找不到。所以你就夭折。这是在讲这个东西。反过来也是一样，又开始举例子，开始讲人。前面一直讲树，现在开始讲人。

支离疏者，颐隐于齐，肩高于顶，会撮指天，五管在上，两髀为胁。挫针治繲，足以糊口；鼓筴播精，足以食十人。上征武士，则支离攘臂而游于其间；上有大役，则支离以有常疾不受功；上与病者粟，则受三钟与十束薪。夫支离其形者，犹足以养其身，终其天年，又况支离其德者乎!"

有个叫支离疏的人，样子长得怪怪的，其实就是个残废人。头伸到了肚脐眼那里，肩比头顶还高，两个胯就相当于是他的肋骨。就这样一个怪人，他会帮人家缝衣服来糊口，很擅长做衣服，靠这个手艺足可以养十个人。那么国家征兵，征不到他，他这种人肯定当不了兵；有什么役使也不用参加；反过来，因为残疾还享受政府的津贴。所以支离疏没用的一个身体，反而养着他的生命。那么这样一个没用的身体，都可以使他颐养天年，更何况他的品德。

这就是说，一个人，如果他和常人的品德不一样，常人是怎样？都是想要获得，想追求一种有用的东西，像自己变成一个很有力的人，想变成一个成功者，这种是常态。而"支离其德者"是什么呢？他是无为的，入于无何有之乡，他的品德在禅宗里叫作什么？叫"截断众流"。也就是说他和众人不一样，他是守无不守有，他体会的是常人认为无用的那个，在他看来那很有用，他进入那个境界感觉到禅悦，那种得道的喜悦，不一样。在那个境界里面，他的德行和常人不一样，所以叫"支离其德"。那么支离其形都可以养生了，支离其德那就更加厉害了。

孔子适楚，楚狂接舆游其门曰："凤兮凤兮，何如德之衰也？来世不可待，往世不可追也。天下有道，圣人成焉；天下无道，圣人生焉。方今之时，仅免刑焉。福轻乎羽，莫之知载；祸重乎地，莫之知避。已乎，已乎，临人以德；殆乎，殆乎，画地而趋。迷阳迷阳，无伤吾行；吾行郤曲，无伤吾足。"

孔子来到了楚国，楚国有个狂人接舆，见了孔子就说，孔子啊，你是圣人，像凤凰一样，但是你的品德怎么那么差呢？孔子的品德怎么个差法？他说了：未来的事现在等不到，过去的事再也追不回来。现在你生不逢时，生在这个时代，却想来我们楚国宣扬你的道德，你真是生不逢时。在我们这里，像你这样的人如果能免于受刑就已经很不错了，像你这样的品德在我们这里肯定是讨不到什么福气的，而你的灾祸那就像大地一样稳稳地等着你！如果你不知道避祸的话那你就等着后悔了。你如果搞这一套礼义，拿着这一套想去框住我们楚国的人，那灾难就肯定等着你。

这是告诉孔子若想拿那一套有为的道义去框住楚人，是行不通的。所以孔子去见老子，老子问他：你最近学些什么？看什么书啊？孔子说，《易经》。老子说，哦，这是圣人读的书啊，很高深啊！你读出什么来啊？孔子说，我读出仁、义、礼、智、信。老子一听，"仁义礼智信"，就说：你这五根绳子，会把世人套得很累啊！所以孔子是又想拿着这五根绳子去框楚国人。楚国那个疯神仙陆接舆肯定就嘲弄孔子了。"迷阳迷阳，无伤吾行！吾行郤曲，无伤吾足！"意思是说孔子你走路要小心了，有刺会刺你的啊！要弯弯曲曲地小心绕行，不要踩到刺啊！

山木，自寇也；膏火，自煎也。桂可食，故伐之；漆可用，故割之。人皆知有用之用，而莫知无用之用也。

这还是说，有用的东西，肯定会夭折。有为的东西肯定是短暂的。所以一切有为法，一定是梦幻泡影，如露如电。我们世间玩儿的所有东西，都是世俗谛的无常法，搞来搞去都是短暂的。最后总结："人皆知有用之用，而莫知无用之用也。"人们啊，只看到无常的东西，追求无常的东西，就不知道真正无用之用的、永恒不变又无所不包的，就是道。

庄子讲人间世，事实上是在讲道。前面一路讲怎么悟道，有道以后在世间怎么做。这就是人间世。

庄子讲养生的时候讲庖丁解牛，这一篇讲入世的时候讲到"形若就，心莫若和"，这是心法，也是道家入世的高境界，翻译过来，说白了就是和光同尘，随遇而安。所以最高境界的时候已经达到了置生死于度外，他的心是道，已经找到了永恒，那么这些无常的东西根本都不在乎。但是他会"随俗"，入世是随顺世间，不会去砍、去割那些骨头筋绊，而是游刃有余，无厚而入有间。这种才是真正的庄子的思想。

但是这样一种思想，我们必须实践。所以庄子一步步地讲，现在已经是第四篇，每一篇都有其核心。能够把每一篇的核心理解透彻，那就是一个法，修行的法，是心法，是一个道理。所以理法一贯，理和法是一致的，这是真正的心法。

所以庄子太伟大，事实上中国禅宗的祖师就是庄子，我们可以看到庄子讲了很多故事，实际上就相当于后来禅宗说的"公案"，大家慢慢去参悟、去体会。

德充符

　　鲁有兀者王骀，从之游者，与仲尼相若。常季问于仲尼曰："王骀，兀者也，从之游者与夫子中分鲁。立不教，坐不议，虚而往，实而归。固有不言之教，无形而心成者邪？是何人也？"

　　"鲁"，就是鲁国；"兀者"，就是跛脚的人。鲁国有一个跛脚的人，叫作王骀。"从之游者，与仲尼相若"，跟着王骀学习的学生，和孔子的学生一样多。

　　常季问孔子说，这个王骀，是个跛脚，但是他的学生竟然和老师你的学生一样多。而且他也不教什么，坐在那里也不讨论什么，然而他的学生们本来很心虚、很不安，可是见了王骀，在他那儿待了一会儿之后，就感觉到很充实，然后就回去了。王骀这样的"不言之教"，连言语都不用，"无形而心成者邪"，都是无形的，那到底是通过什么方法来教学？难道他和这些人都心心相印吗？这到底是个什么样的人啊？

　　仲尼曰："夫子，圣人也，丘也直后而未往耳。丘将以为师，而况不若丘者乎！奚假鲁国，丘将引天下而与从之。"

　　孔子回答说，这位先生，他是位圣人。我是因为忙没有时间去见他，否则我自己都想要拜他为师，何况不如我的人呢？（孔子很谦虚，在这里庄子把孔子抬得很高）而且不仅是鲁国，我还会把天下所有人都引荐到王骀那里学习。孔子的回答把王骀夸赞到这样的境界，这是庄子在表现无言之教的伟大。

常季曰："彼兀者也，而王先生，其与庸亦远矣。若然者，其用心也独若之何？"仲尼曰："死生亦大矣，而不得与之变；虽天地覆坠，亦将不与之遗；审乎无假而不与物迁，命物之化而守其宗也。"

"王"，意思是比……厉害，"而王先生"，就是指比孔子还厉害。孔子的学生常季又问，这么一个跛脚，却比先生你还厉害，如果真是这样，那这个人是怎么用心的呢？到底有什么独特的地方呢？

孔子回答说，生死这样的大事，根本无法令王骀心动。换句话说，王骀是什么人？是了生死的人。所以我们可以看到，庄子是不是禅宗的高手？一上来就是生死的问题。而且，就算天塌了，地坠下去，王骀也是处变不惊，心已经到达了这样的境界，泰山压顶也不怕。世间万事万物无常的迁化，已经无法动摇他，一切变化根本和他没有关系。万物变化，而他守住了不变的宗主。这个宗主是什么？道。下一篇所说的"大宗师"，也就是道。所以，王骀是守住了道而不变的。

常季曰："何谓也？"仲尼曰："自其异者视之，肝胆楚越也；自其同者视之，万物皆一也。夫若然者，且不知耳目之所宜，而游心乎德之和。物视其所一而不见其所丧，视丧其足犹遗土也。"

常季听不懂了，问是什么意思？这怎么说啊？孔子说，本来肝胆相连，离得很近的，但是你换一个角度去看，他们可能就像相距甚远的楚国和越国一样，差异很大；再换一个角度，从"同"的角度去看，"万物皆一"，也就是说肝胆就是一个东西，万物都是一体的。这是在强调"齐物"，第二篇所说的"齐物"。因为王骀是在道的境界，所以他看一切已经是齐物的。对于他来说，没有脚就好像丢掉一块尘土而已，就是这么轻松，而他的心灵境界，是一位道者。因为得道，他能够超越这些对待，超越所有的物象，能够齐物，能够知宗主。

常季曰："彼为己，以其知得其心，以其心得其常心。物何为最之哉？"

常季好像听懂了一点儿，他说，那这个王骀他返照内心，已经找到了常心，那是所有一切之最啊！

仲尼曰："人莫鉴于流水而鉴于止水，唯止能止众止。受命于地，唯松柏独也正，在冬夏青青；受命于天，唯舜独也正，在万物之首，幸能正生，以正众生。夫保始之征，不惧之实，勇士一人，雄入于九军。将求名而能自要者，而犹若是，而况官天地，府万物，直寓六骸，象耳目，一知之所不知，而心未尝死者乎！彼且择日而登假，人则从是也。彼且何肯以物为事乎！"

孔子说，人想要在水边看到自己的话，流水是照不清楚的，必须去安静的水边才能看清自己的样貌，"唯止能止众止"，这是形容王骀的止的水平很高，所以人们都喜欢跑到他那里去照镜子。在大地上来讲，松柏是得了这个正气的，所以能够冬夏常青，在天来讲，人王的尧、舜得了这个正气，就能正生。这两句是形容王骀的境界是已经得道了，自度了，所以能够度众生。"夫保始之征，不惧之实"，意思是守住了本体，超越了变化，所以没有恐惧。

一个勇士，因为他求名，为了英名，他敢于杀到九军之中，而且自己还能够存活。这种为了一件事物牢牢守住的人，都有如此的能量，何况一个道者、一个找到本体的人！他守住了本体，远超过守名的勇士。这样一个道者，"彼且择日而登假"，他说不定哪天选个日子，就成仙飞走了，就相当于虹光、坐化；"人则从是也"，所以人们都想去和王骀学习。"彼且何肯以物为事乎！"这样的人，从来不会把物当一回事。

这一段，庄子借孔子的话来描述一位道者。他先把这个人描述成一个没有脚的人，意味着什么？庄子根本不把形体看作一回事，他直指人心。因为直指本心，根本不把肉体当一回事，所以用一个跛脚的人来举例，还说缺了一个脚就像把鞋里面的尘土挥掉一样。同时，他提出了了生死事大，只有超越无常，才能够了生死。

所以就这么一个故事，就展现了庄子的境界，他是真正的禅宗高手，把根本描述得极其透彻，可以明显看到中国禅宗的风格就是从这里而来。庄子提出"立不言之教"，禅宗是不是不言之教？根本不用文字，以心印心。庄子那个年代有禅宗吗？佛法还没有进来。所以我说庄子是禅宗的祖师不是乱讲的。就前面这一段就可以看得很清楚，一开篇就是无言之教，学生进来，不用说话，就坐着，然后以心印心，就坐在那里入定，然后就"虚而来，实而归"，这样弟子来得越来越多，来的弟子都是来打坐的，根本不讲话。那么孔子天天教育弟子仁义礼智信，弟子也并没有比王骀多，只不过是"中分鲁国"。不知道这是庄子自己编出来的，还是真有其人其事，反正故事讲得很精彩，文采太高。

人们现在都不太了解道家思想的究竟境界，以为道家就是一些小术，因为道门术士太多，都是算命看风水，结果大家心里都觉得道家就是这样了，搞点法术而已，却不知道真正的道家思想是了生死的事。真正的道者，甚至连话都不用讲。

申徒嘉，兀者也，而与郑子产同师于伯昏无人。子产谓申徒嘉曰："我先出则子止，子先出则我止。"其明日，又与合堂同席而坐。子产谓申徒嘉曰："我先出则子止，子先出则我止。今我将出，子可以止乎？其未邪？且子见执政而不违，子齐执政乎？"申徒嘉曰："先生之门，固有执政焉如此哉？子而说子之执政而后人者也。闻之曰：'鉴明则尘垢不止，止则不明也。久与贤人处则无过。'今子之所取大者，先生也，而犹出言若是，不亦过乎？"子产曰："子既若是矣，犹与尧争善。计子之德，不足以自反邪？"申徒嘉曰："自状其过以不当亡者众；不状其过以不当存者寡。知不可奈何而安之若命，惟有德者能之。游于羿之彀中，中央者，中地也；然而不中者，命也。人以其全足笑吾不全足者众矣，我怫然而怒；而适先生之所，则废然而反。不知先生之洗我以善邪？吾与夫子游十九年矣，而未尝知吾兀者也。今子与我游于形骸之内，而子索我于形骸之外，不亦过乎？"子产蹴然改容更貌曰："子无乃称。"

第二个故事，又是一个跛脚，没有脚，庄子就是蔑视形骸，对这种有形的东西很蔑视，所以就拿形体来开玩笑。禅宗也是这样，六祖说"生来坐不卧，死去卧不坐。一具臭骨头，何为立功过？"所以，禅宗祖师就是这样反问你了。你以为你打坐，实际上就是打那个形，端端正正的样子，你打什么坐？根本连形骸都不需要！完全就是修心。所以是直指人心，庄子也是这个法。

有一个跛脚的人，叫申徒嘉，他与郑子产一同在一位叫"伯昏无人"的老师那里学习。庄子这个名字也起得很有味道，"无人"，根本都没有人，又昏，又没有人。这个老师到底是什么样？这就好像印度的奥修，他说"我如一具无人的空舟"，意思是说他自己的修行，就好像一只没有人的船在漂荡，也就是说他的心是无我的境界。

这个郑子产是什么人？是他们那个国家类似总理这样的高官，所以他就比较自以为是。他和申徒嘉都去拜伯昏无人为师，都去听课，结果看见申徒嘉没有脚，就看不起人家。

这个郑子产就对申徒嘉说，我出去的时候，你就不要出；如果你先出去，我就不出，我不和你同时出去。意思是我怎么能和你一起出去？你那么难看！你和我同一个师门，说出去那岂不是很丢我这个宰相的面子吗？！这种就是自我膨胀得很厉害。到了第二天，郑子产和申徒嘉又来上课，恰好坐在一起，他又和申徒嘉说，我先出，你就不要出；你先出，我就不出。现在我准备出去了，你能不能先别动，别跟着我好吗？我是执政的总理啊，你开玩笑，你又不是，你以为你和我一样吗？你这个样子，看见都不知道避讳一下，快别跟着我，我这样一个高贵之人，你一个跛脚，你怎么能和我一样？

申徒嘉说，你我同是伯昏无人先生的门下，大家来到这里拜老师为师，都是来学习的，你还以为你是来当总理的吗？还摆着总理的身份而看不起别人吗？人们说，镜子之所以能照鉴万相是因为没有尘垢，如果有尘垢留在镜子上，镜子就照不清楚了；当你与贤德之人相处久了，慢慢就不会有过失（意思是贤德的人就像一面镜子，能令人照见心中的尘垢）。今天你来老师这里，你应该把老师看得比你自己大吧？因为比你自己大你才愿意来跟他学，对吧？可是跟老师学习那么久了，你还以为自己很大，不觉得太过分吗？

子产反唇相讥，你自己看看你的样子，脚都是瘸的，你还妄想与尧、舜这样的贤德之人相比吗？你就是因为德行太差所以连脚都长不全吧？这个子产，到底是当政的人，讲话很厉害。

申徒嘉被子产这么一说，马上就反省。他说，我这个没办法，脚长成这样，那是命啊，但是我安之若素。我有了这个躯壳，肯定会有被箭射中的时候，因为一个人生活在这个社会上，总有针锋相对、钩心斗角，不中招的人很少。像你这种脚没瘸，是命好。所以被箭射中是命，没被箭射中也是命。脚不瘸的人笑脚瘸的人，这种我见得多了。一开始人家笑我，我很生气，后来到老师这里来学习，现在已经没有那种感觉了，人家怎么笑我，我根本不当一回事。可能老师已经把我的心灵洗涤了，我已经没有那种怒的状态。我在老师这里学习了十九年了，老师却从来没把我当成瘸子，可能他根本都还不知道。你却专门只看外表，只在乎形体；可我们师门根本是不把形骸当作一回事，只关注内在，关注心灵的相应的。以你这样的言谈，不觉得自己太过分吗？

子产马上发现自己不对，就说，是我错了，对不起。

这第二个故事庄子再次重申形体的不重要，而心灵的境界是根本，找到本来是根本。就是换了一些人物的名字，伯昏无人就相当于第一个故事里的老师王骀，只不过现在不是老师跛脚，而是学生跛脚。庄子讲故事很有意思，第三个故事还是讲跛脚。

鲁有兀者叔山无趾，踵见仲尼。仲尼曰："子不谨前，既犯患若是矣。虽今来，何及矣！"无趾曰："吾唯不知务而轻用吾身，吾是以亡足。今吾来也，犹有尊足者存，吾是以务全之也。夫天无不覆，地无不载，吾以夫子为天地，安知夫子之犹若是也！"孔子曰："丘则陋矣！夫子胡不入乎？请讲以所闻。"无趾出。孔子曰："弟子勉之！夫无趾，兀者也，犹务学以复补前行之恶，而况全德之人乎！"无趾语老聃曰："孔丘之于至人，其未邪？彼何宾宾以学子为？彼且蕲以诚诡幻怪之名闻，不知至人之以是为己桎梏邪！"老聃曰："胡不直使彼以死生为一条，以可不可为一贯者，解其桎梏，其可乎？"无趾曰："天刑之，安可解？"

　　第三个故事里这个跛脚是没有脚趾，也算是"兀者"，而且庄子又开始调侃孔子。前面捧孔子，现在又开始调侃孔子。

　　鲁国有个跛脚的人叫叔山无趾，没有脚趾。因为没有脚趾，肯定撑着拐棍来见孔子。孔子一见人家就开始讲人家脚趾的问题，他说，你这个人怎么这么不谨慎？没有道德。你既然脚都已经没有了，却今天才来，你觉得还来得及吗？

　　无趾被孔子这么一说，就觉得不对头了，他回答说，是啊，我不懂得爱惜自己的身体，年轻的时候什么都不怕，乱折腾，不懂得修行，就把脚搞坏了。今天我来到你这里，先生你是有脚的人，我这个没脚的人是希望告诉你，要尊重自己的身体，我已经后悔了，你可不要走我这条路啊。我们都是生活在天地之间的人，我以为你待人很平等，想不到你是这样的人。意思是孔子你的境界不高啊，觉得孔子的水平很低，反过来教训孔子。

　　孔子马上就反省，把无趾当老师来看待，他说，哎呀，我的确是见地不到啊。先生你何不进来，讲讲你的见地，指导指导我吧！无趾进屋讲了什么，庄子没交代，反正讲了一番，然后就出来了。孔子接着就和自己的弟子说，学生们啊，你们要勤奋啊，这个人虽然是没脚的人，还懂得亡羊补牢，还懂得学习，何况你们全部是有脚的人！

这个叔山无趾见完孔子之后，就跑到老子那里去了。老子据说是孔子的老师。无趾对老子说，好像那个孔丘没开悟啊，却还装得好像彬彬有礼的样子，看来他尽是一些礼义的虚名，只是搞外表的东西，都不知道真正的高人把名利、规矩这些统统视为枷锁。意思说孔子说的那些都是一些条条框框，却还拿那一套来装潢自己，看来他根本没开悟，不是至人的境界。

老子说，那你为什么不指点他一下呢？和他聊一下生死事大，不要执着那些条条框框啊，不要去追求外表的东西啊。无趾说，他那个人可能天命就这样，教不会，解不了的。

这个故事又讲完了。这一次孔子又变得很一般了，不像第一个故事里那么高明。被叔山无趾教训了，谦虚让人家进来了，结果人家讲完都已经走了，他还在和弟子们讲有脚没脚，还是那么执着形体。所以庄子是随便拿孔子来扮演不同的角色。

鲁哀公问于仲尼曰："卫有恶人焉，曰哀骀它。丈夫与之处者，思而不能去也。妇人见之，请于父母曰：'与为人妻，宁为夫子妾'者，十数而未止也。未尝有闻其唱者也，常和而已矣。无君人之位以济乎人之死，无聚禄以望人之腹。又以恶骇天下，和而不唱，知不出乎四域，且而雌雄合乎前，是必有异乎人者也。寡人召而观之，果以恶骇天下。与寡人处，不至以月数，而寡人有意乎其为人也；不至乎期年，而寡人信之。国无宰，而寡人传国焉。闷然而后应，泛而若辞。寡人丑乎，卒授之国。无几何也，去寡人而行。寡人恤焉若有亡也，若无与乐是国也。是何人者也？"

这个故事庄子不讲跛脚的人了，开始讲长得难看的人。

鲁哀公就是鲁国的国王，孔子也是鲁国人，鲁哀公请教孔子说，卫国有一个长得奇丑无比的人，叫作哀骀它。如果是男子和这个人相处了一段时间，就会很想他，离不开他，"思而不能去也"；如果是女人和他相处过之后，就会和父母说想要嫁给他，就算他已经有妻子了，也要做他的妾室。像这样喜欢哀骀它的女子，有几十个之多。但是我实在没听说他有什么特殊，真的很一般，既不像皇帝一样拥有赦免别人死罪那么大的权力，也不像做大慈善能令穷人们填饱肚子的富人一样有钱，既没权又没钱，而且还奇丑无比，也没有什么太大的智慧，学识也不渊博，但是男人女人却都离不开他，想来他一定是有特殊的地方。于是我实在忍不住把他请来一看，果然是奇丑无比。然而和他相处不到一个月，就已经不一样了，我就开始觉得他这个人很特殊，已经不觉得他丑了；相处不到一年，我就很相信他，一切都可以交付给他，离不开他；如果国家没有主宰，我愿意把国家交给他管。我和哀骀它说了这个想法之后，他不作声，感觉有点尴尬，好像想请辞，并不想当这个君主。我后来想想，决定还是把这个国家交给他。可没几天之后，他居然偷偷溜了，弃我而去。他这一走，我好像失去了什么东西一样，很不安，自己感觉到没有什么乐趣。这个哀骀它，到底是个什么人啊？

这一段庄子在说什么？这一篇的题目叫《德充符》，首先讲了王骀的故事，接着讲了申徒嘉、伯昏无人，现在讲奇丑无比的哀骀它，其实这些人都共有一个特点：有道。因为有道，他们的心灵境界很高，无形的能量很大，也就是前面说的"吉祥止止，虚室生白"，他们这些人的修行都达到了这样的境界，只是坐在那里，无形的光芒就已经照着你，你待在他旁边就很舒服，慢慢地你根本就忘记了他长得多难看，待着待着你就喜欢上他，就离不开他了，离开他你就若有所失。这就是道，太了不得了。

道的德行，道德，德充符，"德充"就是说这个人内心充满了道，然后展现出来的德，它的功效是不可思议的。所以，王骀只是坐在那里，既不教，也不说，结果学生比孔子还厉害，只是来坐一坐就行了。这是什么？这是感化，这是熏陶，不用语言，不言之教。

别人来了，只是打一坐，也不是打坐，他都没有脚，打什么坐？只是随便坐坐就好了。所以随便你怎么样，只要你在他身边，你就变了。慢慢地，整个人就变化了。

整篇《德充符》在讲的就是一个道者展现的德行，它的功效不可思议。所以世间八法，利、衰、毁、誉、称、讥、苦、乐，远远不如道德。把整个国家都交给他他都觉得烦，还不要，偷偷跑掉。所以庄子是在讲，说教那一套，就像孔子说的那些仁义礼智信，那些是桎梏，是枷锁，是绑人的，对于至人来说，那些是要不得的。

庄子讲东西，一篇篇下来衔接得很紧凑，这一篇讲德充符。这一章章的连接，都用了前面的内容来讲，所以前面学了以后，再接着学到这一篇就很顺，很耐人品味。

对于普通人来讲，人们一定会希望到一个道者的身边照一照，得到一些光明，所有的生命都是有趋光性的，所以飞蛾扑火，因为看见了光。那么如果你能够突破无明，开悟以后，肯定就会出现不是我们肉眼能够看得到的那个光芒，这就是德行的展现。只会用肉眼看，事实上你就着在了我们凡夫以为是光明、其实是黑暗的状态，所以老子说"大音希声"，真正的音不是用耳朵听到的。人耳能听的，只是局限在某一个分贝范围内，眼睛能看到的，只局限在某一个光谱范围内，这些都不是真正的大相。真正的大相来自道，只有去掉这些有限的频率，不执着这些有限的频率，把你的眼、耳、鼻、舌、身、意空掉，你才能够进去，否则入不了道，全部是意念、思辨而已。所以孔子被庄子批判，因为他完全是教人怎么用心思辨、怎么用意念，这些对于庄子来说是桎梏、枷锁，不是至人所为。所以《心经》一上来就说"无眼耳鼻舌身意"，这是释迦牟尼超凡的见地，与老庄是一样的。

所以修行不在于打坐，不在于形体，而在于你是否能够把眼、耳、鼻、舌、身、意空掉，把本来的光明展现，"虚室生白"。一旦展现了本来的光明，无论何时何地都是这样的境界，这叫"见道位"，你见到了，它一定在任何时候都会展现，和你是什么形态没有关系，做什么都一样。没见到，就是没见到，你就是黑暗，不管你怎么弄，打坐的姿势再怎么美，也是黑暗。你倒立也好，双盘也好，和它没关系。关键在于本来，禅宗就是这样，直指本来，庄子也是这样，不和你玩那些细枝末节的东西。其他的东西全部给你打掉，就是抓住本来，以心印心。

想要见道，不论什么方法，不管你用什么手段，什么手段都不用也可以，反正有一个机缘，一旦触碰到，它开悟了就是开悟了。可能是被人家打一巴掌，开了；禅宗师父一看，刚好有一个机缘，扭一下鼻子，就开悟了，然后就好了。那你没开悟的时候，你再怎么弄也是没开悟，天天打坐也没开悟，而真要开悟的时候，不论什么形式都开悟，不是你能想象的那样。当然，现在我们都没开悟，我们有想开悟的愿望，那么去学习这样那样，都可以，都没问题，都可以去尝试，但是很难。那么庄子就说，有一个开悟的老师，亲近久了就开悟了，就是这么简单，不需要折腾什么其他的，这就是一个很好的方法，这叫作善知识。所以瞎子带瞎子过河是很难的，摸着石头过，结果水一来都被冲走了。

有的人他没有见道的愿望，根本不懂什么是道，也有可能开悟。有愿望，愿，还是属于眼、耳、鼻、舌、身、意的意的层面，和你本来的那个通透没有关系。没有想过见道的人，一旦某个机缘触碰到了本来就开悟，然后他自己也不知道那叫作悟道，反正他就是那么自在，那么清明。"悟道"是一般讲话的一个名词，所以悟道的人自己并不一定知道自己悟道，上古的人就是这样，他们没有这种意识。所以我们普通学佛，首先就是发愿度众生，这种发愿是在后来佛学传播过程中带入的。佛陀这样开悟的人，看我们个个都是佛，他度什么？所以他不会说要去度你。在他看来，我们都没有什么问题，只不过我们自己觉得自己不开悟，就要去学这样那样。开悟的人一见面都是齐物的，万物都是一体的，看见的都是本来在玩耍，所有的相都是"吹万不同"，都是那个本来吹出来的。所以《楞严经》里说，我们的肉体就像大海中的一个泡泡，和庄子说的"吹万不同"是一样的。

于是，有的人提问："悟道之人是否还受因果的牵引？"

首先，因果是从世俗谛来说的，那么从世俗谛来说，肯定受因果；但是从胜义谛来说，因果是不存在的，是"非因缘非自然性"，本体本身根本是不存在因缘的，它是空性的。既然是空性的，就没有什么因缘可言，既然无因，哪来的果呢？有因果就有时空。在道那里有时空吗？所以当我们提出这个问题，要看是在世俗的角度，还是胜义的角度提问。因为当我们说因缘、说因果，都是用有为的角度去看，是人见，就像我们一般也很喜欢问：有善恶吗？善恶是人见，在人世间肯定有善恶，在胜义那里没有善恶。

庄子讲的是胜义谛的内容，所以他批判善恶。他是没有分别，没有高下，不讲次第，不设阶梯的，所以我说庄子是禅宗的祖师。如果讲次第，禅宗认为是自设阶梯，就要棒喝了。设了阶梯就不是禅宗，最起码不是祖师禅，可能是如来禅。庄子很明显就是祖师禅的祖师。

庄子作为一个悟道之人，他所说的与老子、佛陀所说的内容是一样的，而且是很系统地讲。他的文章表面上洋洋洒洒，故事东一个西一个，实际上暗藏深意。读了庄子，的确是让人的心灵开阔自在，一下子就感觉到豁然开朗，学了这么多篇之后，大家都觉得自在很多，心灵就得到解脱，然后处理问题的智慧肯定在提升。

前面一段，讲了哀骀它的故事，奇丑无比却人见人爱，和他相处久了皇帝都想把国家交给他，他不要，皇帝还若有所失，是这样一个很特殊的人。那么到底为什么哀骀它会有这样的魅力呢？下面就是答案。庄子再次借用孔子的话来描述。

仲尼曰："丘也尝使于楚矣，适见独子食于其死母者。少焉眴若，皆弃之而走。不见己焉尔，不得类焉尔。所爱其母者，非爱其形也，爱使其形者也。战而死者，其人之葬也不以翣资；刖者之屦，无为爱之。皆无其本矣。为天子之诸御：不爪翦，不穿耳；取妻者止于外，不得复使。形全犹足以为尔，而况全德之人乎！今哀骀它未言而信，无功而亲，使人授己国，唯恐其不受也，是必才全而德不形者也。"

孔子说，我曾经去过楚国，看见小猪在吃奶，可是那母猪已经死了。小猪吃了一会儿奶，就不吃了，也不眷恋母猪了，虽然母猪生它养它，但是小猪吃奶咬一咬，感觉不对，就跑了。那么，为什么小猪会这样呢？它是感觉到母猪有些不一样了，感觉母猪和自己不是同类了，于是弃之而去。这就证明"所爱其母者，非爱其形也"，小猪爱母，不是爱它的形体，母猪的身体还在那里，如果还是活着的，小猪肯定继续吃奶。那么"爱使其形者也"，所以小猪真正爱的是身体的主宰，生命的主宰。

我们人也是这样，人没死的时候，即便是已经病得快死，也还是天天去服侍他；人一死，你也不会去服侍他了，很快就把他烧了。也就是说我们喜欢一个人，把他视为亲人，事实上不是因为他的形体，而是那个形体的主宰。庄子是在说明这个问题。所以前面总是强调哀骀它的难看，意思就是表达关键不在于那个形体或容貌，而是这一切的主宰。

一个人在战争中阵亡，如果是英雄，那么可能会给他厚葬；如果战败，就可能不是厚葬。一个脚被截断的人，鞋子拿来给他也无用，腿都没有了他还需要鞋吗？这些例子都是在说没有根本，已经失去了根本，魂已经不在，本体已经不在。

给天子进贡的宫女，必须没剪过指甲，没穿过耳朵，如果有耳洞，那么就不能进宫了。庄子那个年代可能是这样一个习俗，寓意是要求形体要完整，不能破，破了皇帝就不要。如果你已经休妻，那么就不能够再复婚，好马不吃回头草，相当于这个意思。不像我们现在离了又复合，复合了又离，来来回回几次，这在古代是不可能的。"形全犹足以为尔，而况全德之人乎！"形体的完整无失都已经那么重要，何况一个品德完整无失的人！这里庄子指出人们把形体看得很重，实际上更重要的是人的内在，人的品德。

今天哀骀它根本不用说话，别人就相信他，不用做什么有功的事情，人们就很亲近他，很相信他，到达了皇帝都要把国家交给他的程度，而且还怕他不要，这样的人叫作"才全而德不形"，庄子给出了一个名词，"才全而德不行"。哀公就搞不清楚了，不懂什么是"才全而德不行"。

哀公曰："何谓才全？"仲尼曰："死生、存亡、穷达、贫富、贤与不肖、毁誉、饥渴、寒暑，是事之变、命之行也。日夜相代乎前，而知不能规乎其始者也。故不足以滑和，不可入于灵府。使之和豫，通而不失于兑，使日夜无郤，而与物为春，是接而生时于心者也。是之谓才全。"

哀公说，什么是才全呢？孔子说，死、生、存、亡、穷、达、贫、富，贤、不肖，毁誉、饥渴、寒暑，事物都是这样相互变化的，都是两端的对待、流行，都是无常的，是命，是一种注定的运动。所以生着的时候，死就一定等着你，跑不掉的，有生必有死。所以想要了生死，首先要不生，不生才能不死；想要长生，也是一样，不生才能不死，有生一定有死，生死一定是相待的。这一系列的相待，都是事之变化，就好像日月昼夜一样，是循环无常的。所以我们说黑白无常，黑就是晚上，白就是白天，黑白就是相待地不停地转；我们的太极图也是这样，反复相推，变化出焉，一定是这样。

"而知不能规乎其始者也"，我们的"知"，搞不清楚相待是从哪里开始的，白天晚上、晚上白天，我们搞不清楚它的源头在哪里。这种阴阳的变化，其根源在哪里，这是知识没有办法看得到的，这是指我们一般人的知识。所以我们的意识是很有限的，是无法穷通阴阳之精髓的。由于这个原因，一般人就不能"滑和"，不能够让阴阳合二为一，不能够让这种对待消失，不能够超越对待。你无法做到，因为你找不到它的根本。也不能"入于灵府"，就是说见不到自己的本来，见不到自性，见不到本体。

反过来，如果你能够令这些两端相待的事情相通，"使之和豫通而不失于兑"，"兑"是指一种喜悦、快乐的状态。能够使事物相通为一而且处于一种喜悦的状态，这就是"禅悦"。所以庄子处处都是禅，这就是"不二"法门，没有"二"，把这个"二"给它和了，处在一种禅悦的状态。"使日夜无郤而与物为春"，这样的人就相当于当年邵康节写的一句诗，"三十六宫都是春"，就是说，在一年里面，把春夏秋冬再细分成二十四节气、七十二候，把这些归为三十六个宫位，那么不管是哪一宫位，都是春天一般，叫作"三十六宫都是春"，这样的修行，达到这样的境界，就已经"和"了。"是接而生时于心者也"，就是说任何状态都是一种生命生发、与物为春的状态。这种境界的人，就叫作"才全"。

所以，"才全"是什么呢？就是说一个人他已经能够把对待化掉，而且进入不二的状态，把二元对立和掉，然后处在"三十六宫都是春"的境界，这种叫作"才全"。他的心情，不管接什么物、待什么人，都处在一种和而悦的状态，这就很厉害了，这是真正的"中庸"，能够"得其环中"，处在本来的状态里面，所以你外面怎么转他都不动，他是安住的。庄子在前面很多章都讲到这个问题，叫作"喜怒不能入其心"。那么这个哀骀它肯定是做到这一点了，他的修行境界已经很高。所以他身边的人都不想离开他，因为他天天、时时、刻刻都是春天，你怎么愿意走呢？肯定想黏着他，尽管他长得特别丑陋，但是还是喜欢，没办法。

这是"才全"，还有一个，"德不形"。

"何谓德不形?"曰:"平者，水停之盛也。其可以为法也，内保之而外不荡也。德者，成和之修也。德不形者，物不能离也。"

什么叫做"德不形"呢？孔子说，水很静，自然就平了。如果水还在流，那么水面肯定不平，不平肯定在流动；如果是平的肯定是静的。像水这样的规律，可以作为一个法来修行。这是什么法？叫作"止"，"止观"的"止"，止观之法。只要止了以后，你的心就变得很宁静。一般人的心都是晃的，那么他一到你这个宁静的人这里来，就相当于照镜子。"水停之盛"啊，所以你要修行，修到你的心很宁静，不被外物所转，不晃动。所以前面提出"才全"，也就是说你已经得一了，叫"禅"。但是还要再宁静下来，像平静的水面，不晃动，然后人们会来照镜子，如果水面是流动的，都静不下来，照不了镜子。"内保之而外不荡也"，内在的修行到了这种境界，外面怎么动，他不动，他的内在能够静。"德者，成和之修也"，有德的人，就是因为修这个"止"，修到一定时候，他的光明就出现了，唯识叫作"大圆镜智"。心之水平静了之后，它自然就像镜子一样，照鉴万物，这就是"观"。

通过"止"，然后能"观"，叫作"止观法门"。那么这个止和观，它是一体两面的，是"和之极"，已经很静、很光明，没有尘埃，就能够照见。"德不形者，物不能离也"，正因为到达了这种境界，所以万物离不开他，你根本走不了，就喜欢黏着他，因为他那个镜子一照，你自己心里面什么情况一到他身边你就都知道。所以我们平时迷惘的时候，到了道者身边很快就知道怎么回事。于是感觉离不开他，哀骀它就是这个特点，你就不想离开他，没办法离开他。你只要和他待一段时间，莫名其妙，他也不和你说什么，你就很想黏着他，"物不能离也"。他就能够照见万物，那是他的光。这个光明，不仅是照见，而且还可以改变，现在的话叫作"有很强大的加持力"。那这个力量很大，有一种光芒放射的作用，所以就能够吸着你，那不得了，哀骀它的功夫那不是开玩笑，可能你在他身边你的烦恼都出不来。因为他的气场很大，他的能量、发出来的光芒，一照过来，你就被他感应到。一感应到，你的心本来是晃动的，一下子就不动了，就和他有点接近了，天天黏着他像磁铁一样，一块铁天天黏着一块大磁铁很快自己也变成了一个小磁铁了。这就是被感化了，就有这样的感化力。

我们前面讲的，像王骀那一些人，所谓"行不言之教"，都是以这样感化的方式，因为他们的"德不形"和"才全"。所以你一到他那里，就"虚而往，实而归"，也不立教，也不聊天，你只要一到那里，人就觉得爽了，然后感觉欢欢喜喜，就回去了，而且可以保持蛮久；过一段时间，磁场没了，又来充电。就是这么奇妙，而且的的确确是这样。庄子就是在描述这个境界。

哀公异日以告闵子曰："始也吾以南面而君天下，执民之纪而忧其死，吾自以为至通矣。今吾闻至人之言，恐吾无其实，轻用吾身而亡吾国。吾与孔丘非君臣也，德友而已矣！"

哀公和孔子这么一聊他就知道了，后来有一天，他就和闵子说，"刚开始我自己认为君临天下"，以前的皇帝都是坐北向南，南是明，光明，"我都是为了老百姓着想，订立一些规仪，教他们执行，我以为这样已经是一位很好的皇帝了"，"吾自以为至通矣"，意思就是自以为是很了不起的皇帝了。"结果我和孔子一聊，我发现其实这样治国是滥用自己的身体，而且把国家也给搞坏了。我和孔丘是德之友，不是君臣的关系。"庄子在这里把孔丘又抬得很高，事实上是在传道，意思是说哀骀它这样的道者，功夫了不得啊。这一段大概是这么个意思。

下面一段，庄子又讲一个故事，再次重申形体的不重要。

阖跂支离无脤说卫灵公，灵公说之，而视全人：其脰肩肩。瓮㼜大瘿说齐桓公，桓公说之，而视全人：其脰肩肩。故德有所长而形有所忘。人不忘其所忘而忘其所不忘，此谓诚忘。故圣人有所游，

德充符 | 131

而知为孽，约为胶，德为接，工为商。圣人不谋，恶用知？不斲，恶用胶？无丧，恶用德？不货，恶用商？四者，天鬻也。天鬻者，天食也。既受食于天，又恶用人！有人之形，无人之情。有人之形，故群于人；无人之情，故是非不得于身。眇乎小哉，所以属于人也；謷乎大哉，独成其天。

这个故事里，从几个人物的名字就可以看出庄子对于形体毫不在乎的态度。

"闉跂支离无脤"，这个人，闉跂就是跛脚，支离就是驼背，无脤是没有嘴唇，所以这个人是极度难看，名字就是他长的样子。这么一个人，去游说卫灵公。卫灵公和他一接触，就很喜欢他，然后看他那个样子越看就越漂亮，反过来，看正常人反而觉得不正常："而视全人，其脰肩肩"，看其他正常的人，觉得脖子长长的，像个豆芽儿一样。意思是卫灵公把闉跂看作完整的人，觉得闉跂这样的人才是正常的，其他的正常人都不正常，就喜欢到这样一个程度。

接着，同样的道理换个例子再说一次。瓮㼜大瘿，意思就是脖子上长着一个大瘤子，这样一个人，去游说齐桓公。齐桓公也很喜欢他，完全被他的"才全"和"德不形"吸引住了，就和卫灵公一样，把这个长得怪怪的瓮㼜看作完整的人，看其他正常人反而觉得难看，你不长个瘤子他觉得你脖子太细。这就是庄子的描述，很会编造故事。

下面庄子下结论了，"故德有所长而形有所忘"，如果一个人的德达到了"德不形"的境界，人们就会忘记这个形体了。"人不忘其所忘而忘其所不忘，此谓诚忘"，人们一般都是忘记不了形体，如果一个人能够忘记形体，而不忘记本体，这种叫作"诚忘"。意思是说，卫灵公和齐桓公都是有"诚忘"功夫的人。

那么，庄子说圣人是什么样的呢？他说圣人之心不像一般人老是执着外表，"故圣人有所游，而知为孽，约为胶，德为接，工为商"，圣人把世间的智慧、知识看作孽障，把合同、规矩、仁义礼智信等等看作绑人的绳索，为了与人沟通而去搞些小恩小惠、行贿，为了搞定别人而施恩给别人，这叫"德为接"，然后用一点儿机巧、奇巧来赚钱，叫作"工为商"。这四种事，圣人都不干，知、约、德、工，都是不做的。"圣人不谋，恶用知"，不用谋略，就不用知，他根本不需要这种后天的知去搞清楚那些事情；"不断，恶用胶"，也没必要去约束什么东西，因为不会想去控制什么；"无丧，恶用德"，不用予人恩惠，也不需要以德与人结交，或用行贿的手段与人家沟通，因为不会在乎失去什么；"不货，恶用商"，更不需要什么利益，所以也不需要用商。"四者，天鬻也"，这四样东西，老天自有命运安排，命中有时终须有，道者是不强求的。

　　这是在说什么？庄子是在说圣人是无为的，他不会用有为的东西来搞，比方用点谋略啊，用点道德去约束人家啊，然后搞点布施恩惠啊、行贿啊，或者搞点机巧赚点钱，这些东西道者都不用，因为都是有为的，所以圣人不搞有为的东西。这四样东西，知、约、德、工，"天鬻也"，是老天安排的，他根本不用人为去求。

　　"天鬻者，天食也。既受食于天，又恶用人？"

　　这一切自有天机，有命运，自有安排，你顺其自然就好了，所以叫作随缘，不攀缘。所以一个圣人是这样的一种用心，是不动人心的，"恶用"人心，完全是用天机，无为而治。这是庄子在进一步阐述"才全"和"德不形"的人是怎么为人的。设想一下，如果像哀骀它这样的圣人，他在皇帝面前去用心机，能令这些皇帝心悦诚服吗？不可能的。如果是靠计谋很厉害，设一个机关给别人下套，这样的心性和行为能够吸引那么多人吗？吸引不了。哀骀它根本不用这些东西，你给他什么他还不要，偷偷跑了。他根本不是那类人，他是一个真正的圣人，一个修行的高人，他的智慧已经是出世间的。之所以能够吸引那么多人，令皇帝们都心悦诚服，把国家都愿意交给他，完全是因为他的品德，修行内在的东西而产生出的一种"德不形"的能量。所以我们说"君子爱财，取之有道"，他是因为有道，这个道是无为的，是天道，不是动人机得来的"盗"，这是那内在的光辉所产生的功效。

上面一段的故事，庄子重复地在讲同样的内容，是为了不被误读。很多人学习庄子都是以世间知识的方式去研究，其实这是学不会的，学庄子是要"去知"，把知识去掉。这就是老子说的"知，不知，上"，从知回到不知，才是高境界；反过来，世间智慧是由不知到知，是"下"，是"病"。所以老子是要去知的，把你所谓的谋略这种智慧全部放下，空掉，你才能进入定境，要不然怎么进得去呢？进不到定境，你怎么能见到本来呢？你总是在那里分辨，完全是一种对待的心态，那肯定被黑白无常束缚。只要一分辨，就落入黑白无常里去了，黑白无常总在转，你不也就跟着转吗？最后黑白无常一勾你不就走了？不就把你带去阴曹地府了吗？就是这么个道理，所以你不能够进入空明的状态，不能"吉祥止止"，你怎么能"虚室生白"呢？不可能的。所以要"止"，才能"观"，你才有真正的"才全"和"德不形"的功夫。

接着，庄子又下了一个结论：

"有人之形，无人之情。有人之形，故群于人；无人之情，故是非不得于身。眇乎小哉！所以属于人也。謷乎大哉！独成其天。"

这几句话不得了啊！别看它是简简单单的几句。这是说，人虽有人的形体，但是没有人的情。这是在描述圣人，一般人肯定有人之情，有人之形亦有人之情。那么圣人因为有人的形，所以与人们是一群，但是因为无人之情，所以"是非不得于身"，就是说进不了他的心，因为他没有这个情。这里讲的无情，指不被是非所牵动，也就是前面讲的已经消除了对待，他不是用知去看，就叫作"无情"。

那么从肉身这个形体来讲，是很渺小的，在《楞严经》里也可以看到，释迦牟尼和庄子这里讲的一模一样。他说我们的父母所生之身对于我们的本体来讲，就好像大海里面的一个小泡泡，渺小吧？所以"眇乎小哉！所以属于人也"，就是说这个形体非常小。反过来，"警乎大哉！独成其天"，我们的本体，我们的自性，非常伟大，连天地都是它生出来的，"独成其天"，伟大吗？这才是庄子真正要描述的内容，已经超越了肉体，是在这样一个境界上来谈，然后把本体讲得很透彻。整个七篇的内容一路来都是这样的境界。

庄子作出结论之后，惠子听见了，就开始不服气。

惠子谓庄子曰："人故无情乎？"庄子曰："然。"惠子曰："人而无情，何以谓之人？"庄子曰："道与之貌，天与之形，恶得不谓之人？"惠子曰："既谓之人，恶得无情？"庄子曰："是非吾所谓情也。吾所谓无情者，言人之不以好恶内伤其身，常因自然而不益生也。"惠子曰："不益生，何以有其身？"庄子曰："道与之貌，天与之形，无以好恶内伤其身。今子外乎子之神，劳乎子之精，倚树而吟，据槁梧而瞑。天选子之形，子以坚白鸣。"

惠子对庄子说："人能够无情吗？"庄子说："是啊。"惠子说："如果一个人连情都没有了，还叫作人吗？"惠子就开始和庄子叫板了。

庄子说："道与之貌，天与之形，恶得不谓之人？"意思是我有人之形，天地给了我这个样子，道生出我这个形貌，我能不叫人吗？

惠子说："既然叫作人了，你能够没有情吗？"

庄子解释说："我所说的情，指的是是非；我说无情，是指是非不入心；没有是非就没有好恶，肯定就不能内伤其身；常常处在本来的状态，从来也不会为养这个形体和相貌的长久而去益生，不会做这种事情，只是自然。"

惠子说："你不益生，不去养这个身体，这个身体不就坏掉了吗？"

庄子又重复道："道与之貌，天与之形，无以好恶内伤其身。"实在解释不清楚，庄子反过来批判惠子："今子外乎子之神，劳乎子之精，倚树而吟，据槁梧而瞑。天选子之形，子以坚白鸣！"今天你这个家伙，拿你的精神一天到晚在外面追求这追求那，想东想西，把你的神一天到晚散乱在外，把精气神都耗光了，然后靠在树上叫来叫去地无病呻吟，累了又眯起眼睛昏沉，心里还在瞎想，还睡不着。老天给了你形体，你自己却一天到晚搞些黑白无常那一套，分辨到底是黑还是白，还自己思辨出一套理论来。所以庄子懒得和惠子理论了，重复一遍，然后直接批判一通，你自己去理解吧。这样，这一章就结束了。

这一章，总结起来，就是描述一个道者的德行是如何展现的，所以叫"德充符"。那么庄子通过许多生动的人物来举例子，王骀、申徒嘉、叔山无趾、哀骀它、闉跂支离无脤，反正都是缺胳膊缺腿的人，很有意思。你读庄子会有一种超然的感觉，你会发现他没有任何执着。一般无论哪一门哪一派，总会有不同的执着，不是执着法，就是执着规矩，要不就是执着肉体，甚至追求长生不老，我们道门就有很多追求长生不老的，好像孙悟空，"得长生否?"不得长生他不学。这些都是执着。庄子那是太逍遥了，一上来，这个形体根本不当一回事，唯一看重的就是自性，就是我们说的禅，所以他是直指人心。

因此，禅宗说的话和庄子说的话很像，不论禅定解脱，只论见性。你那些过程他不理你的，不理你那一套，你说打坐，六祖直接说"生来坐不卧，死来卧不坐"，问你死了还坐不坐? 死了你就只能卧了。所以有些人练不倒单，在六祖看来你就是练形体，他不练，他就是见性。见性之后，就了了，很自在，整个过程非常逍遥自在，消除一切对待，了了生死，黑白无常拿他没招，而这种境界是通过无我来达到的。那么庄子内七篇第一篇就说"至人无我"，是在这种境界的基础上来谈问题。那么整个七篇一看下来，的确是太直接了，直指本来，抓住根本不放，章章如此，从头到尾、字字句句，都在讲这个事情。本体抓住以后，出来的万相都是本体的生化，叫作"吹万不同"，再讲到渺小的肉体而伟大无比的自性。所以参比下来，我们发现庄子是真正的禅宗的祖师。

庄子的时代，佛法还没传入中国，内七篇这些内容充其量是从老子那里来，与老子一脉相承，然后一路阐述下来，太有味道。这个法真正能够做到，不容易啊，这必须是大根器、大勇猛，按庄子的比喻，一个人勇猛的时候可以只身杀入九军之中啊，你想想那种勇气到了何等程度？像赵云一样，为了救阿斗，只身杀入重围。那更何况一个道者？一个道者如果是抓住本来不放，直直地一竿子插到底，一定成功！庄子就是在说这个意思，他没说别的，决不会去搞一些细枝末节的东西。

六祖也是这样，一上来就是自性，但是有时候六祖还接一点地气，"众善奉行，诸恶莫作，是诸佛教"，久不久还说一两句，但是后面他还是说"兀兀不修善，腾腾不造恶，寂寂断见闻，荡荡心无着"，还是回到本来。所以《六祖坛经》看下来，也是一个完整的只论明心见性的禅宗这么一条路。

而庄子是以讲故事的方式，太美了，不断地变化着讲，而从头到尾，核心不变，不论入世出世，任何时候，就是禅宗一句话：行住坐卧不离这个。是什么都不说，就用一个"这个"代替，然后就守住不动了。

如果你真正去学禅，像我们以前在老和尚身边，从来不见他谈法，只是唠家常，根本没谈法，也无法可得，那个老禅师，你说什么他都打你。一个中医去到他那里，他问人家，你能医人老吗？能医死吗？老也治不了、死也治不了，你治什么？那人家就很难答。所以禅宗就是这样，你一去了就挨打，搞得你晕乎乎的，因为禅宗就是要解决这个问题，生老病死苦。所以如果你找不到根本，其他都叫作外道。什么叫外道？向外求，不是直指人心。

所以真正学习庄子下来就发现，庄子就是一个正宗的禅宗，一模一样。中国本土承接禅宗的那一些祖师，那种逍遥程度超越了迦叶和达摩，完全不一样，那潇洒得不得了啊，这实际上就是因为中国传统文化中有庄子的印迹，他的影响太大了，所谓的中土大乘气象，也是因为中国文化中老庄思想的奠基。这些祖师逍遥到了什么程度？佛经上说，释迦牟尼刚生下来就走七步，然后指天指地。祖师一看，说要是我当时在场就把这个家伙烧了，那不是妖吗?! 这是祖师，就有这样气魄，一般的佛教徒你敢吗？那不可能，你怎么敢说这大逆不道的话？经典上写的，你敢骂？禅宗祖师就敢。为什么？因为他见性啊！抓住本来不放，其他都是外道，都是浮光外相。当然，佛经是八万四千法门，不同的人有不同的法来度，所以这个佛陀出生瑞相的法，自有相应根器的人得度，但对禅宗祖师来讲，在他眼里来看你这就是一个外相。这是禅宗，也是庄子的路数，那么只要是胜义谛的、究竟的经典，都是这个见地。

对于道家来讲，老子和庄子这个体系，就是真正的、正统的道家正传；再下来，就是黄帝，他所讲的已经有术的内容，比方八卦、甲子、中医等，《阴符经》《黄帝内经》就讲了很多术的内容。因为要治国，要用于民，老讲道不行啊，要用一些术来令老百姓受益，所以治治病啊，讲讲二十四节气指导农事啊，应该怎么养生、生活怎么操作啊，这是黄帝。这是君主要管理一个国家所行的术，而且通过这些术烘托出道，令人们学了之后知道怎么用。所以整个道家的思想，在老庄是道，在黄帝是术，道和术，道以出世，术以入世，展现出来，二者合一，和光同尘，就像庖丁解牛的那个境界。

所以我们学习中国道家的文化，每学一点儿，你就感觉喜悦，感觉和你很亲近，因为你的语言体系就是从这里来，你的基因里面就是汉文化的种子，当找到了正宗的文化的根，那种感受、你念起来的心情是不一样的，而且读了之后能够入心，很有感应，很走心，于是可以在生活中运用，那是非常有味道的。

大宗师

知天之所为，知人之所为者，至矣！知天之所为者，天而生也；知人之所为者，以其知之所知以养其知之所不知，终其天年而不中道夭者，是知之盛也。虽然，有患。夫知有所待而后当，其所待者特未定也。庸讵知吾所谓天之非人乎？所谓人之非天乎？

"知天之所为，知人之所为者，至矣！""知天之所为"，了解了本来，这是先天的；"知人之所为"，了解了人，这是后天的。懂得了这两个东西的人，"至矣"，已经是最了不起的了。

那么什么是"知天之所为"呢？"天而生也"，天生的、本来的。什么是"知人之所为"呢？"以其知之所知以养其知之所不知"，意思是我们人落入后天、有了知识以后，就离开了本来，那么你就要懂得返还到本来。"知之所知"就是指后天的知识；"知之所不知"就是后天的知无法知晓的、不是靠学习知识能够学会的、那个先天的本来。

这一开篇讲的是什么？

讲的是我们凡人修行的一个法：从后天返回到先天。

这就是老子《道德经》中说的："知，不知，上。不知，知，病。"我们一般人都是从不知到知，这是一种病；如果能从知进入不知，"上"。"以其知之所知"，就是你已经从不知到知了，落入后天了；"以养"，就是返还；"其知之所不知"，返还到先天。这就是法。

懂得了这个法，然后就这么去修，"终其天年而不中道夭折"，就这么返还回去，顺其自然，处在一种本来的状态，这样的人，"是知之盛也"，你的知已经达到顶极了。这是说我们修行的法其实讲起来很简单，就这么一条：从后天返先天。

那么庄子说完这个法以后，表述完了，他又否定，意思是我没说啊，说出来那个东西也不对的啊！所以他又说一句了："虽然，有患。"意思是我讲完这个法了，但是事实上有个法还是有问题。这就像释迦牟尼佛在《金刚经》前面说了一大堆法，结果后面说我没说啊，谁说我说了是谤佛啊！

那么，这个"有患"在哪里呢？

"夫知有所待而后当"，你的那个知，是因为有对待，你才能够有知，"其所待者特未定也"，但是那些对待、对立的东西本来就是确定不了的。所以"庸讵知吾所谓天之非人乎？所谓人之非天乎"，这是用"天"和"人"做一组对待来举例，"天"就是先天本来，"人"就是后天人为，二者是对立的。那庄子说你怎么知道所谓的天不是人？所谓的人就不是天呢？人和天分得开吗？意思就是说，当你有分别、有对待的时候，或者说当我们讲法的时候，是落在人心这个境界来讲的，给你讲的时候肯定是要落名相的，一落名相，那么好了，我说一个法："哦，你必须从后天返先天，从后天知识返还到先天本来的状态"，那么这么告诉你的时候事实上还是有问题的。因为本来"天""人"就是一个东西，也无所谓后天也无所谓先天，天人合一。这就是禅宗里面一句话，"心即是佛，佛即是心"。我们的妄心，其实就是佛，没什么分别的，佛也就是心。所以"梦幻空身即法身"，有分别吗？当你去分别的时候就已经有问题了，对不对？

庄子很厉害啊，看得很透彻，而且在那个时代用文字描述得如此清楚，根本没有什么先天后天。他先讲，哦！这个后天的东西是有为的，你要返还到无为的状态，回到先天的状态。你已经从本来的、天的状态，已经从天机变成人机了，那么我们要从人机不动返还到天机自动的状态。讲了这么一个法。讲完以后他说，你怎么知道天和人不是一个东西呢？事实上他们是一个东西，所以也无所谓天机人机，本来就都是一个。

禅宗也是这样，和庄子玩的都是一个模式。那么你要慢慢体会，如果你真正领会了其中的真谛，无所谓心也无所谓佛，心即是佛，佛即是心，也无所谓法身也无所谓梦幻空身（也就是我们的肉身），全都是一个东西。那么就能够入世出世都一样，无所谓出入了。若还有出入，那就不是。

但是当你还不懂，需要表法的时候，他必须要讲，啊！你要入定，还要出定，所以就有出入。因为你现在迷，他要让你觉。那么他先说你现在在轮回之中，最后他说轮回和解脱是一个东西，"轮涅无别"，轮回和涅槃是一样的。所以当我们还在分别的时候，你这个是不彻底的。这是庄子在第一段设这么一句的用意。而这第一段，是讲法，讲法是不会有漏洞的，讲完又圆回来，老子也经常这样，释迦牟尼也是如此。

接下来，庄子就表述，一个真人，也就是大宗师，是什么样的。

且有真人而后有真知。何谓真人？古之真人，不逆寡，不雄成，不谟士。若然者，过而弗悔，当而不自得也。若然者，登高不栗，入水不濡，入火不热，是知之能登假于道者也若此。

前面一段所讲的知，是有待的，靠不住的。那么必须是真人才有真知，所以和你讲的时候、表述法的时候，讲了你也听不懂，你必须进去，体会到，的确是轮回涅槃无别了，这个时候你就知道了，就成佛了，你已经觉悟了，就是这么个意思。所以你若是懂得这个真人的法，那必须是真人才有真知，否则的话你那一套都是模拟的，都是想的，那个法都是想出来的，都是有为法，都是念头、妄想，它和真实的真知是两回事。那么什么是真人呢？真正的真人是什么样子的呢？

真人，不会走偏，不会落两端，不会有二，一定是"不二"。一切都是很自然的，过了也不会后悔，就是说他没有过头的状态，而恰到好处了他也不会自以为是。他认为那都是天然的，而没有人为的想法，人机不会乱动。因为不动人心，他就不会有恐惧，登高、入水、入火，都觉得没有什么。那么能够成仙的，"登假于道者"，肯定就是这个样子。

古之真人，其寝不梦，其觉无忧，其食不甘，其息深深。真人之息以踵，众人之息以喉。屈服者，其嗌言若哇。其耆欲深者，其天机浅。

真人，睡觉不做梦，醒来无忧愁，饮食有节，呼吸很深，是用脚跟来呼吸的。而一般人呼吸用喉咙，当受委屈的时候，声音哽咽像呕吐一样，因为呼吸浅，一下子说话就不行了；而且人的欲望都很深，所以天机就浅了。真人和一般凡夫的区别还是很明显的，他是有表象的，从呼吸、从碰到事情的状态等，都有其特征。这是在描述真人和凡夫的差异，那么根本还是在于第一段的法的根源：因为我们总是动人机，只懂得后天之知，追求谋略，追逐我们的欲望，导致了很多不自然的东西。

比如我们睡觉做梦，是因为日有所思，就夜有所梦，我们有太多想法了，大脑皮层都静不下来，兴奋啊，晚上一睡下来，大脑皮层兴奋点不一致，就做梦；有时候兴奋点到处窜，就做一个怪里怪气的梦。这就是因为睡觉的时候整个大脑皮层不能一致而无法深入到深层的脑细胞，按现在的说法是这样。这个大脑皮层就像一个太极图一样，一兴奋就转，如果你能够把兴奋点一致了，真正的一致，它马上表层就潜下去了，深层的脑细胞就激活，从表层的平面就进入立体，然后莫名其妙地你就能看见光，甚至看到古时候的现象，其实就是深层脑细胞的开启。我们大脑的功能非常多，它和天上银河系的星相是一样的，所以你如果能激活它的话，就能产生很多很多的功能，就会出现天眼，就是这么简单的道理。你只要能够人机不动，它就进去了。

那么，我们人为什么浅薄？就是因为我们懂得太多的知识。这些知识都是一些名相，按现代科学的说法叫作"第二信号系统"，也就是语言。这个第二信号系统，本身就是大脑皮层的兴奋所致，所以我们跳来跳去都是在大脑皮层上转，转来转去，自己组织很多语言，产生很多很多的名相，然后想象，搞出很多幻想，然后深层的脑细胞得不到激活，而且还用大脑皮层去干扰整个生命的状态，这就是人为。人为以后，导致很多病变，这种病变就使我们达不到庄子说的"终其天年"，所以你要"终其天年而不中道夭折"，你必须是无为，人机不动天机自动，它才能够不干扰我们这个生命的正常运转，否则的话肯定受干扰，就是我们说的精气神耗散。

庄子在这里把道理讲得很清楚了，我们用现代的语言来解读一下就明白其实很简单。那么你去实践，慢慢能够进去，真的能够让你的大脑皮层一致，深入进境界里去，它会一层层地进，那么你可以回到古代。因为我们的生命就是整个进化的浓缩。在胚胎的时候就可以看出来，在成长的时候从蝌蚪状一直转化，化到产生脊柱、器官、四肢，就是从原始的生命形态一路进化的过程。所以你修行的话完全可以回去，可以体会到整个遗传体系的这种生命能。如果你进得去，你可以开发很多的功能和智慧，因为你原来就有，只不过不知道而已。

可见你能不能进得去，这太重要了。我们一般人一辈子活在大脑皮层的层次，然后活着活着，大脑皮层一兴奋，你又不能一致，慢慢时间长了你就老化，大脑就开始愚钝。就好像现在的电脑，程序运行太多，就容易卡住死机，还不如让它重启。所以，睡眠的时候也不能好好休息，就是因为一致不了，有太多兴奋点在那里，梦就很多。道理就是这么回事。

真人其寝不梦，因为他一致而且深入，这种睡眠质量完全不一样。我们睡个觉，脑袋里还打架，被人追得拼命跑啊，然后经常东西找不到，或者看到有个门却进不去……反正你的欲望搞得你一塌糊涂，大脑皮层的连接点总在乱跳，所谓离奇的梦，离奇就是兴奋点在那里跳来跳去。那么若想要一致，就是庄子在第一段讲的修行的法，很简单，就是一个返还先天的过程，即老子说的"知不知，上。不知知，病。圣人不病，以其病病是以不病"。所以庄子就是在解读老子，有人评价说庄子就是老子的注解，说得非常好。

古之真人，不知说生，不知恶死。其出不诉，其入不距；翛然而往，翛然而来而已矣。不忘其所始，不求其所终；受而喜之，忘而复之。是之谓不以心捐道，不以人助天，是之谓真人。若然者，其心志，其容寂，其颡颒；凄然似秋，暖然似春，喜怒通四时，与物有宜而莫知其极。

古之真人，"不知说生，不知恶死"，对生死已经不会贪着，不喜欢生，也不讨厌死，他认为这是一个自然的过程。生出来不感觉开心，死亡来了也不抗拒，死亡不过是一个瓜熟蒂落的过程。当我们内心感觉到怕死，贪生怕死的时候，你就很恐惧，其实死亡就是果实成熟了，它肯定要掉下来。反过来，如果不是自然的情况，比方我们牙齿痛，痛得太厉害了，都烂了，那还不如把它拔了。生命就是这么回事。因为你不善于用你的牙，人为太多，没有终其天年，所以牙齿中途就烂了，那么你只有拔掉，这是自然而然，不用恐惧。所以庄子讲真人就是这种心态，"翛然而往，翛然而来而已矣"，就是来去很自在的样子。这就是了生死的问题。那么这个了生死，是一种境界，是我们的心的问题，了生死不是说这个肉体就不死了，不是这个意思，它是一种心灵的境界，这个一定要把握清楚。

"不忘其所始，不求其所终。受而喜之，忘而复之。是之谓不以心捐道，不以人助天，是之谓真人。"就是说真人是无为、自然、随缘的，不用人心去干扰道，这就是大宗师。由于这样的心境，他有他所展现的相貌："若然者，其心志，其容寂，其颡颒。凄然似秋，暖然似春，喜怒通四时，与物有宜而莫知其极。"就是说，看起来很舒服的样子，额头很宽广，表情就像春秋四季一样很自然地变化，天人合一，喜怒哀乐与四时同步。这几句我们不要想得太复杂，其实就是有点儿像小孩儿，小孩儿就是这样，总是很自然，就像婴儿一样童真，所以能够返老还童已经很厉害了。但是是讲心灵的返还而不是身体返老还童，现在我们很多人都想像天山童姥一样不老，这是变成老不死了。"与物有宜而莫知其极"，就是说他的心能够与道同，与道同，事实上就没有生死，生死只是一个相。

行文至此，我们回顾一下，庄子在描述大宗师的时候，先讲原理，也就是说，你不要以为没有一个依止，庄子从《逍遥游》一直到《德充符》，一路下来已经反复告诉你，有一个本体，本体才是真正的你，也就是自性，就是我们的本来。这个本来，所有的相都是它生出来的，"怒者其谁"，而"吹万不同"。所以我们每一个人背后那个东西实际上都是一样的，因此万物都是平等的，只是命不一样，出生的相貌、时辰不一样，相不一样而已。这就是《齐物论》讲到，树洞有大有小，有的"呜呜"响，有的"哇哇"响，其实都是背后的那个吹出来的，所以众生是平等的，万物是如一的，齐物的。但关键是你要懂得你那个本来，要懂得背后的那个东西，你才能够"得其环中"。"得其环中"了以后，你才能够应万相而不迷，才能够真正自在。

这是讲到第六篇了，我们注意不要忘记了前面贯穿下来的核心，否则的话你都没有抓手，一讲完了，你以为"嗯，反正就是无所谓嘛"，无所谓肯定是不行的，那不是无所谓，"反正什么东西都一样"，不是这种心。你要去体会本来，是后天人为返还到先天的状态，从我们的识神返还，去体会我们的元神，那是真正的根本。这样你的智慧就会开启本来功能，否则你怎么能够"入水不濡，入火不热"呢？就是说你必须能够进入那个状态，就像前面篇章里描述的那些真人，随便捏个土就能造个皇帝出来，那不是开玩笑的。因为那个本来就是造出万象的，那当然是捏个东西就能造个皇帝，那有什么奇怪？比上帝还厉害，对吧？因为那个本来就是吹万不同，就造出了万物。所以一切东西的背后，有一个本来，所以要知道这个"常"，老子说："知常曰明。不知常，妄作，凶。"就这么一句话，也是告诉你要懂得背后的那个本来。我们现在基本上都是不知常妄作，人为，然后又不知道背后那个东西，天天人为在折腾，搞来搞去，结局就是凶，中道夭折，基本上就是这个样。

故圣人之用兵也，亡国而不失人心；利泽施乎万世，不为爱人。故乐不通物，非圣人也；有亲，非仁也；天时，非贤也；利害不通，非君子也；行名失己，非士也；亡身不真，非役人也。若狐不偕、务光、伯夷、叔齐、箕子、胥余、纪他、申徒狄，是役人之役，适人之适，而不自适其适者也。

这一段是描述圣人自然的状态，他是天地所为，他不动他的人心，一切都是顺天而行。人有时候是这样，如果你太有为、总喜欢动人心去设计人家，人家就都恨你。其实，人们关键是对你的心有所反应。所以你要注意了，当你有为去弄别人的时候你是带情绪的，人家很难受，因为你用了你的人心，你带情绪。比方你打人一巴掌，如果你很恨他的那个样子，打了人家一巴掌，人家很难受，那肯定也恨你，心与心之间就是这种反应；如果你无心的，你跟人家挥手，无意间打到，根本都不是用心的，人家不会恨你，所以这里面是心的问题。当你是空的，你怎么会让人家生气呢？人撞到石头，也不会拿石头来生气，当然也有人踹两脚的，那其实是打他自己。

这就是一个空无、无为的问题。庄子说，圣人的心是无为的，不是有为的，即便是用兵的时候也是无为的，所以能够"亡国而不失人心"。他对别人好，也不是有为，不是因为喜欢才去救助一个人，不是这样的，他是自然，不用人心的，就是前面说的"天而生也"，天然的，是天之所为。而我们一般人呢，"乐不通物"，就是用你的心去有为，"非圣人也"，圣人不做这种事，所以收买人心肯定不是圣人所为。"有亲，非仁也"，有亲疏，那你肯定就有分别，人心嘛；"天时，非贤也；利害不通，非君子也；行名失己，非士也；亡身不真，非役人也"。后面这几句一样，都是描述人的心中还有分别，不能合一。只要你还有分别，动了人心，你就已经落到人为，人为的东西肯定不是圣人，不是真人。一个真人，肯定是没有分别心的，是无为的。"行名失己"，为了名利，把自己的本来都忘了，所以一定要"真"，真，就是本来，不要动人心。

"狐不偕、务光、伯夷、叔齐、箕子、胥余、纪他、申徒狄"，这些都是真人的名字，庄子在这里罗列了很多位真人。"是役人之役，适人之适，而不自适其适者也。"意思是说，这些人是完全无为的，不攀缘，随缘而动。

古之真人，其状义而不朋，若不足而不承；与乎其觚而不坚也，张乎其虚而不华也；邴邴乎其似喜乎，崔崔乎其不得已乎，滀乎进我色也，与乎止我德也；厉乎其似世乎，謷乎其未可制也；连乎其似好闭也，悗乎忘其言也。以刑为体，以礼为翼，以知为时，以德为循。以刑为体者，绰乎其杀也；以礼为翼者，所以行于世也；以知为时者，不得已于事也；以德为循者，言其与有足者至于丘也，而人真以为勤行者也。故其好之也一，其弗好之也一。其一也一，其不一也一。其一与天为徒，其不一与人为徒，天与人不相胜也，是之谓真人。

这一段继续重复，阐述一个真人是什么样。真人其实就是"不二"，就是"一"，所以说"故其好之也一，其弗好之也一。其一也一，其不一也一。其一与天为徒，其不一与人为徒，天与人不相胜也，是之谓真人。"

一般人就是"二"，以为自己与天是对立的。所以人为什么有烦恼？因为有"二"，有一个"我"。自打你一生出来，慢慢有知了，人的知一旦出来，就知道"我"了；一旦有"我"，就有一个对立面同时产生，那就是"天"，一切万物就都归为天，人和天就开始对立，就有"二"了。既然有了对立面，相处就一定变成了斗争，连走个路都要用力，和地球斗争，所以你就开始斗了。在这个斗争的过程中，我们就拿起了刀，至少你心里面在斗争，这把屠刀就出来了，人家来弄你，你就开始防卫了，碰到一个陌生人，心里都觉得"啊，会不会是来害我的"，心里那把刀就出来砍一砍，然后在人家旁边吓唬吓唬。人就是这样，防卫意识就出来。在斗争中，有失败有成功，那么烦恼就来了，快乐也来了，喜怒哀乐就全来了，这就是人。

真人，是"与天为徒"，也就是说天人是合一的，天、人是不分的；不是真人，就肯定"与人为徒"，就觉得"我们是人，那个是天"，然后"人定胜天"，这就是斗争哲学，是人为。所以普通人是斗争哲学，而真人是无为，是返还到本来，不用机巧，是"天与人不相胜也"，也就是说天与人是没有斗争的，互相之间不产生斗争，完全是合一的状态。

"以知为时者，不得已于事也"，就是说一切都是顺其自然。那么这样无为，简单到什么程度呢？"以德为循者，言其与有足者至于丘也"，就是你只要有脚，你走路就行了，爬个小土丘，你随便顺着就走上去了，很简单，根本不用想。然而真人虽然是无为而行、不动人心的，但是一般人看他的样子，会用自己的人心去格度，还以为他很努力——"而人真以为勤行者也"。心里想"哎哟，这个人功夫这么高，肯定磨炼了很久"，其实你都不知道那个人根本都不用功，连心都不用，不动心的，无为得要命，是"任任无为"的，而只要努力才成功的，都是有为的。

所以真正的高人，别人以为是很勤劳得来的，其实根本没有，真人都是无为而治，是放松、自然、空掉，从知到不知，哪有拿起刀来努力奋斗的？那你都练成屠夫了。所以要放下屠刀，才能立地成佛，特别是心里面的那把屠刀，否则你怎么能进入境界呢？大脑皮层总是兴奋的。还有一般经常说"十年磨一剑"，可见我们从小受到的教育都是斗争教育，总认为一定是磨炼出来的，其实根本不是。这是道家思想的奇妙。

道家思想和儒家不一样，儒家就是要"头悬梁，锥刺股"，一定要奋斗。道家不是，老庄不玩这一套，他玩无为，玩的是一种清静，一种定，然后让你返还到本来，进入一种深深的定境，把你本有的东西开发出来，所以叫作"生而知之"，不是"学而知之"，完全两回事。一般人真的没办法搞懂，很难搞懂，为什么呢？因为历代以来，我们天天都被教育要努力奋斗，然后突然间你教我说什么都不干啊、随缘啊、放空啊、入定啊，好像虚云老和尚一入定，三个月不吃不喝不动，突然叫你干这种事，理解不了。所以历来很少人能够解读老庄，原因就在于大家都受到儒家思想的熏陶太深，总是用儒家的方式去理解，然而儒家的路数和道家根本是两回事，一个是入世间，一个是出世间，这个出世间的路子就是要进入定境，定境之后才能开完先天的智慧，这个先天智慧出来的时候是洞见，与揣测、推算毫无关系。

庄子就是在讲这个道理。好像前面篇章讲的，一件事情你还没去做就生病了，阴阳病，为什么？因为你的脑子在不停地揣测怎么做，去见皇帝要怎么讲，万一说不好被杀头怎么办？还没去见就开始病。这就是人，都是这样，没有定境。那么这种情况庄子说怎么办呢？他教你"心斋"，教你入定，然后"吉祥止止，虚室生白"，到这个时候你可以去见皇帝了。之前你想的很多谋略，什么以天、地的名义，或者借用古人的话来和皇帝讲，都一样被杀头，不管你怎么做都是出问题的，因为你是人为，只有"天网恢恢"，才能"疏而不漏"，人为的网肯定有漏洞。庄子讲的是天机，他是不讲人机的，人机的东西都不是道家玩的，道家是要入道、合道，怎么能玩人机呢？不可能的。

这一段讲这么多就是在讲这么个意思，就是说真人一切是自然。但是人们做的样子有时候真人也做，原文叫作"以礼为翼"，人世间不是要讲礼吗？真人他有时候也有个礼的样子。去参加葬礼，看到你们在哭他也哭，不然人死了，别人哭你不哭，别人不是要说你没有礼貌？那么就"以礼为翼"，就是像翅膀一样，人家怎么做，你也跟着做。这是说在这个世间要懂得和光同尘，"所以行于世也"，因为有人的形貌，那么要有人的样子，但是因为内心没有分别，所以无人之情。

死生，命也；其有夜旦之常，天也。人之有所不得与，皆物之情也。彼特以天为父，而身犹爱之，而况其卓乎！人特以有君为愈乎己，而身犹死之，而况其真乎？

泉涸，鱼相与处于陆，相呴以湿，相濡以沫，不如相忘于江湖。与其誉尧而非桀也，不如两忘而化其道。夫大块载我以形，劳我以生，佚我以老，息我以死。故善吾生者，乃所以善吾死也。

这两段的核心是讲"为道忘躯"。为了道，忘记所有的东西，或者说，得了道以后，什么东西都可以忘掉，也就是说，只有得道，才是真的，其他东西都是假象。我们之所以烦恼，就是因为我们着相。死与生是一个相，夜与旦也是相，就是阴阳，都是无常，这些两极动态的变化，都是一种阴阳相推的现象。人们有所得到，或者得不到，都是对物的情。以前的忠臣为了君王，可以牺牲自己的生命，粉身碎骨在所不惜，为了一个君主你都做得到这样，为了那个真东西，你还做不到吗？意思是说，你要为了那个真，忘躯，那个真是什么？是道。为了道，你要忘记一切，尤其是肉体，我们往往忘不了这个身体。所以不论什么相，你要放下，连身体也要放下。这就是前面说的，庄子看似虚无缥缈，实际上是有依止、有抓手的，要为了那个真，进入那个真，而忘掉一切，这个真就是道。

泉水干涸了，两条鱼暴露在了陆地上，那没有办法，只能互相吐口水来滋润对方，苟延残喘。"相濡以沫"现在变成一种褒义词了，形容爱得很真，其实是说两个要干枯的人，互相吐唾沫，因为寂寞啊，互相安慰，那么与其这样，不如"相忘于江湖"，就是说互相忘记对方，而游到江湖中，这样多好啊，多自在啊，江湖就是比喻道。进入了道之后，这些事啊、人情啊都忘掉了，那是多自在的事情啊！我们现在为了人情，互相相濡以沫，很累啊，而且还忘记了江湖，在这种干枯的环境，得不到滋润。同样，与其赞叹尧而批判桀，尧就是明君，是善的，桀是暴君，是恶的，意思就是与其去分别这些善恶，不如两忘，就是不再分别，化而入道。

大地给我形体，滋养我的生命，令我经历了生老病死，所以能令我生的，就一定能令我死。意思是说，你就守住道就行了，生死不要去管。

所以讲来讲去，庄子还是在讲这个根本，只讲这个根本，从头到尾没离开过这个核心。守住道就是根本，其他的东西都是相，都是让你烦恼的，没有一个东西是真的，都是无常的，都在折腾你。你只要一执着你就完蛋，肯定就烦恼。

夫藏舟于壑，藏山于泽，谓之固矣！然而夜半有力者负之而走，昧者不知也！藏小大有宜，犹有所遁。若夫藏天下于天下而不得所遁，是恒物之大情也。特犯人之形而犹喜之。若人之形者，万化而未始有极也，其为乐可胜计邪？故圣人将游于物之所不得遁而皆存。善夭善老，善始善终，人犹效之，又况万物之所系而一化之所待乎！

这一段，描述我们人害怕得失。自己有一条船，怕人家偷了，藏起来，不管你藏到哪里，藏在山里面也没用，碰到一个大力士，就把它偷走了，你还根本都不知道。所以你只有藏天下于天下，才能不被拿走。像我们现在藏什么财产，自以为在银行比较保险，还是不保险，不管你藏到哪里都不保险，只有把天下藏在天下才保险。那么人对自己就更是这样，因为有个形体，自己很喜欢这个身体，然后想把它保存好，可是它哪里存得住呢？这个肉身是有限的，"未始有极"，哪有什么办法？你根本保不住的。那么圣人就是把这些有限的物，都融化在道里面，因为只有道能够藏住一切，其他的都藏不住。你的东西不论你怎么放，你的身体、财物，最后都是藏不了，都会被无常搞走，有的人直接就来抢你的东西，现在连生个小孩儿都有人拐卖。所以世间这些物，是守不住的，有形的东西，是有极限的，放到哪儿都受限，是讲这个意思。

夫道，有情有信，无为无形；可传而不可受，可得而不可见；自本自根，未有天地，自古以固存；神鬼神帝，生天生地；在太极之先而不为高，在六极之下而不为深，先天地生而不为久，长于上古而不为老。狶韦氏得之，以挈天地；伏戏得之，以袭气母；维斗得之，终古不忒；日月得之，终古不息；堪坏得之，以袭昆仑；冯夷得之，以游大川；肩吾得之，以处大山；黄帝得之，以登云天；颛顼得之，以处玄宫；禺强得之，立乎北极；西王母得之，坐乎少广，莫知其始，莫知其终；彭祖得之，上及有虞，下及五伯；傅说得之，以相武丁，奄有天下，乘东维，骑箕尾，而比于列星。

前面隐隐约约比喻地讲，犹抱琵琶半遮面，现在直接把"道"点出来，而且有根有据，得了道是什么样，所以庄子讲述东西是一层层来的，最后画龙点睛。

他说道这个东西不是乱讲，是"有情有信"，有情况有信息的，是真的，但是它又是无为无形的，所以不是你这种有为想去抓能抓得到的。"可传而不可受，可得而不可见"，它是无相的，可以得到，但绝不是你的手能抓住的那种得，它是无形的。所以人们都喜欢东西，不喜欢南北，因为人就是喜欢有形的，得到东西就很开心，看见南北就觉得自己空落落的，这就是人；而圣者是要那个可传不可受，可得不可见的。

"自本自根，未有天地，自古以固存"，就是说本来就存在，没有谁生它，它就是根本；"神鬼神帝"，就是说它比鬼和帝都厉害，神就是胜；"生天生地"，天地都是它生出来；"在太极之先而不为高，在六极之下而不为深，先天地生而不为久，长于上古而不为老"，描述道是无限的，无极的，不落两端的。下面就举例讲谁得了道是什么样，有画八卦的伏羲、有北斗星君、有昆仑山神、有河神、有泰山神、有黄帝、有龙的儿子、有西王母等，连彭祖也算上。这就是讲道的神奇。

讲完理法，讲完真人是什么样，讲完道是什么样，庄子下面又开始讲具体的故事了。

南伯子葵问乎女偊曰："子之年长矣，而色若孺子，何也？"曰："吾闻道矣。"南伯子葵曰："道可得学邪？"曰："恶！恶可！子非其人也。夫卜梁倚有圣人之才而无圣人之道，我有圣人之道而无圣人之才。吾欲以教之，庶几其果为圣人乎！不然，以圣人之道告圣人之才，亦易矣。吾犹守而告之，参日而后能外天下；已外天下矣，吾又守之，七日而后能外物；已外物矣，吾又守之，九日而后能外生；已外生矣，而后能朝彻；朝彻，而后能见独；见独，而后能无古今；无古今，而后能入于不死不生。杀生者不死，生生者不生。其为物，无不将也，无不迎也，无不毁也，无不成也。其名为撄宁。撄宁也者，撄而后成者也。"

南伯子葵曰："子独恶乎闻之？"曰："闻诸副墨之子，副墨之子闻诸洛诵之孙，洛诵之孙闻之瞻明，瞻明闻之聂许，聂许闻之需役，需役闻之於讴，於讴闻之玄冥，玄冥闻之参寥，参寥闻之疑始。"

第一个故事讲天山童姥。说有一个叫南伯子葵的人，问一位得道高人女偊，为什么他年纪很老了，但是看起来像小孩儿。女偊说，因为我闻道了。子葵说道可以学吗？女偊说，不行，学不了的，你不是这块料。而且，像卜梁倚这样的人，很有才能，自己没得道但是可以教人学道，而我呢，已经得道但我不会教，教不了，没有这个才华。我勉强教一教，又有几个能成圣人呢？而且你也不是这块料，要不然，若是这块修道的料，那教的话也非常容易。但是，我还是勉为其难和你讲一下吧。

然后，女偊就开始描述自己得道的过程。一开始，一进入状态，三天以后就已经不知道有天下了——"外天下"。"外天下"以后，继续守，七天以后，"外物"了，所有的物都不知道了。再继续，九天以后，"外生"，这个生命，空掉了。"外生"以后，"朝彻"，就是时间也没有了，然后"见独"，"独"就是那个唯一的东西。然后"无古今"，没有古今了，而后就"不死不生"，没有生死了，了生死了。于是了解到真正能够杀生的，它肯定是不死的，会死的肯定是被别的东西所杀，而它是杀生的，所以肯定不死；而能生出生命来的那个，它肯定没有生，否则它就是被生。一切万物，都是它所生、所主宰，这样叫作"撄宁"，意思就是能生杀万物、生化万物。其实还是描述道。这是女偊讲修道的过程，有这么几个步骤。

南伯子葵就问，你说的道是从哪里听来的？女偊就一个个列举，其实就是讲传承。就像禅宗，六祖是听五祖讲，五祖听四祖讲，一路下来，最后溯源到释迦牟尼。但是，庄子讲得有点儿不一样，这些人的名字似乎是有点隐喻的，比方"玄冥""参寥""疑始"，这里面是有意思的，我们要去体会。"寥"，是一种空无，"玄冥"就来自"寥"，而"参寥"又来自"疑始"，这里面是有次第的。

下面讲第二个故事，四个好朋友的故事。

子祀、子舆、子犁、子来四人相与语，曰："孰能以无为首，以生为脊，以死为尻；孰知死生存亡之一体者，吾与之友矣！"四人相视而笑，莫逆于心，遂相与为友。

子祀、子舆、子犁、子来这四个人是知己，他们一起聊，说谁能把空无当成头，把生当成脊柱，把死当作屁股，对生死存亡毫不在乎，没有分别，那我就和他做朋友。然后说完，这四人相视而笑，莫逆于心，互相为友。所以这四个人都是狂人，生死对他们来说没有什么分别，是一体的，对这个肉体根本不当一回事，他们只看到那个本来，肉体对于他们来说可有可无。

俄而子舆有病，子祀往问之。曰："伟哉，夫造物者将以予为此拘拘也。"曲偻发背，上有五管，颐隐于齐，肩高于顶，句赘指天，阴阳之气有沴，其心闲而无事，跰𨇨而鉴于井，曰："嗟乎！夫造物者又将以予为此拘拘也。"

子祀曰："女恶之乎？"曰："亡，予何恶！浸假而化予之左臂以为鸡，予因以求时夜；浸假而化予之右臂以为弹，予因以求鸮炙；浸假而化予之尻以为轮，以神为马，予因以乘之，岂更驾哉！且夫得者，时也；失者，顺也。安时而处顺，哀乐不能入也，此古之所谓县解也，而不能自解者，物有结之。且夫物不胜天久矣，吾又何恶焉！"

有一天，子舆生病了，子祀就去问候。子祀这个问候的方式就和一般人不一样，他说哎呀，怎么造物者将你变成了这个屈曲不伸的样子啊！子舆病成什么样了呢？弯腰驼背，下巴都勾到肚脐了，肩比脖子还高，脊椎高高隆起指着天，体内阴阳之气也不调和。然而就是病成这样了，子舆的心中还是闲而无事，还自己去井边照镜子，看了说："咦，造物者怎么搞出这个东西？"这太厉害了，这四个人太牛了，根本不把生病看作一回事。

然后子祀问子舆，你看到自己这个样子觉得讨厌吗？子舆说，没有，没有觉得讨厌。我左手可以当作公鸡来报时，右手可以来做弹弓打鸟烤着吃，屁股可以做轮子，心神可以做马，我就坐着这个，连车马都不需要了。我如果得到了什么，是因为碰对了时间，失去了什么，也是很自然的事情。所以"安时而处顺"，也就是安之若素，无论遇到什么情况，哀乐都不会入心，这就是古人所说的"县解"。但是如果不能自解，肯定就被物给套牢，就会烦恼。这一切物相都不是我能主宰,是老天在主宰,我又能怎么样呢?又何必讨厌它呢?

这就是随顺、随缘的道理,庄子在讲这个,而且举了一个很极端的例子,都已经病到伛偻了,他自己还闲而无事,这个心量很重要啊。下面又有一个生病的,而且病得快要死了的人:

俄而子来有病,喘喘然将死。其妻子环而泣之。子犁往问之,曰:"叱!避!无怛化!"倚其户与之语曰:"伟哉造化!又将奚以汝为?将奚以汝适?以汝为鼠肝乎?以汝为虫臂乎?"子来曰:"父母于子,东西南北,唯命之从。阴阳于人,不翅于父母。彼近吾死而我不听,我则悍矣,彼何罪焉?夫大块载我以形,劳我以生,佚我以老,息我以死。故善吾生者,乃所以善吾死也。今大冶铸金,金踊跃曰:'我且必为镆铘!'大冶必以为不祥之金。今一犯人之形而曰:'人耳!人耳!'夫造化者必以为不祥之人。今一以天地为大炉,以造化为大冶,恶乎往而不可哉!"成然寐,蘧然觉。

一天,子来生病了,不停地喘,连呼吸都呼不上来,快要死了,子来的妻子就在他身边哭。子犁就去看望,见到这个情况,直接就呵斥子来的妻子:"去,你让开让开!你都不懂得造化,哭什么哭!"然后他和子来说,这个造化太伟大了!怎么能够将你变成这个样子啊?你到底死了以后变成什么呢?是会变成老鼠的肝呢?还是会变成虫子的手臂呢?

子来虽然病得快要死了,他还可以讲道理。他回答说,父母生我出来,这是命。如果该要死了,我就死,如果我不干,那是逆天逆命。天地赋予我形貌,令我生老病死,能让我生的,就能让我死,所以生死我根本不惧。这就好比一个铁匠正在铸铁,突然这块铁跳起来说,我要做莫邪那把剑!那这个铁匠都吓死了,肯定把这块铁当成妖,是不祥之物。同样的道理,今天我们就是有一个人的形貌而已,本来死了就死了,结果你就那么执着、那么喜欢这个样子,还说我是人我是人，我不能死，我要活着！其实就是执着人的样子。造化者就好像那个打铁的人，人就相当于铁，该死的时候，你跳起来说我要活我不要死，对于造物者来说，你肯定是不祥的人。（所以人就是这样，得了一个人的样子，自己就觉得很喜欢，可是世间本来就是没有极致的，没有边界的，不断变化生灭的，所以我们太执着这个形体是没有必要的。）今天这个天地就像一个炼铁的大熔炉，造化就是打铁的人，生死都是造化所为，都是自然的，造化让我死，我就死，我为什么一定要抗拒而且还跳起来说我不死我不死？说完，子来很安闲自在地睡了。

从这里我们看到，庄子是很超脱的、了生死的，对形体没有任何计较，一切顺其自然的。一开篇，他讲知天之所为、知人之所为，而人的这个部分，要消除这个知，要返还到本来，回到天的状态，进入天人合一的境界。这是这一篇的重点。所以每篇的第一段是核心，后面每一段的阐述都是对核心的展开。

那么只要是人为的东西，在庄子看来就是妖邪，不是正路，就好像那块金踊跃曰"我且必为镆铘"，想怎么样就怎么样，那其实你就是妖。当你动念说我要怎么样怎么样的时候，你已经变妖了，在造化看来你就是妖。所以要懂得安之若素，命是怎么样你要顺随，不要去要求，不要动人心，这样才能够进入天人合一的境界，才能够无为，才能够入道；反过来，当你进入道的境界以后，就能够无所不化生，才能够无为而无所不为，没有什么做不到。

辨别是妖还是正道，很简单，你一看，那个人如果很有为，一天想冲出去扮演什么角色，那肯定是妖，一定是妖邪。无为的话，那个人很自在的，很自然，很潇洒，无所求的，一切顺其自然，与道合一，然后睡觉不会做梦，而且不会老，这就是庄子描述的大宗师的风范。其实就是告诉我们，我们越去求越得不到，你无所求，反而还来了，叫作"君子爱财，取之有道"，这是因为有道了，什么都有了。就像前一篇讲的哀骀它，因为有道，"物不能离"，皇帝把国家都要交给他，他还不要。所以人悲哀就悲哀在这里，没办法入道，而入道本来是非常简单，但是没有人做得到。所以老子说，道这个东西啊，"甚易知，甚易行"，非常容易，但是世人"莫能知，莫能行"，因为只要是个人，就肯定有欲望，跑不掉的，那就肯定是想要怎么样怎么样那一套。所以我们现在想要成佛，你完了，一动这个念你已经是妖了，已经不行了，已经落入妖道了，这就是说，要懂得无为的道理。

但是庄子前面也讲了，你怎么知道天不是人，人不是天？你怎么知道你动念不是如来呢？也就是说，心和佛有分别吗？妄心就是佛吗？所以庄子很厉害的，忽悠你一大把道理又否定，然后说事实上你怎么想都是对的，你本来就是佛，你爱怎么想还是怎么想。一桶水倒过去，又倒过来。这个关窍庄子在本篇第一段就点出来了："虽然，有患。夫知有所待而后当，其所待者特未定也。庸讵知吾所谓天之非人乎？所谓人之非天乎？"所以你说人为就是妖，天然就是道，那你怎么知道人不是天，天不是人呢？

那么释迦牟尼就说，万物皆具佛性。禅宗更牛，一上来，先和你说，你不要动妄心啊，然后又和你说心即是佛佛即是心啊；先告诉你说，你这个肉身是梦幻的啊，不要执着啊，然后又说梦幻空身即法身。所以关键是看你在哪个境界，这些都是理论，理论的东西和你真正进去是两回事。所以庄子说只有真人才有真知，真人讲出来，他讲什么都是对的，你一个假人，讲什么都是假。就是这个意思。

所以有时候你去问一个道者，或者禅师，你一说这他就说那，因为你说什么都是错的。他说完了，你照葫芦画瓢地把他的话说一遍，他还是说你错。因为你说和他说是两回事。他是真人啊，你不是啊，他看见的心就是佛，你就不是，对你来讲心和佛是两个东西。说白了就是这么回事，但是他又要讲给你听，又要分别一遍，分别一遍又怕你搞错，所以又打回你，于是捞你起来又把你打回去，始终就这么倒来倒去。那么你进不进得去，这是关键。进不去，什么都是假的；进得去，什么都是真，怎么做都是对的。进不去，你天天很努力，天天在那里跪，没用，进不去都是假，很诚心也没用；他进去了，是真的，他怎么做都对，他拿那个佛像来烧他也是对。问题就在这里。

庄子讲东西是这样，先让你把理论搞清楚，但是要你明白，这个理毕竟只是理，还不是那回事。地图还是地图，你不能说看完地图我就会了，我就到目的地了，你拿着地图研究得再清楚，你真正走起来不是那回事，我们的汽车导航经常乱导，开着开着要撞墙了它还说往前走。所以我们现在拿着一个理，就相当于有了一个导航，就以为自己很稳妥了，哪知道路已经重新修过了，导航没更新，所以讲理只是一张蓝图。当然，你有一个导航和没有一个导航还是不一样，心里面多少还是有数的。

子桑户、孟子反、子琴张三人相与友，曰："孰能相与于无相与，相为于无相为；孰能登天游雾，挠挑无极，相忘以生，无所终穷？"三人相视而笑，莫逆于心，遂相与友。

第三个故事，子桑户、孟子反、子琴张三个人是好朋友，三人互相问说，谁能无相？庄子在那个年代，就提出无相，佛家《金刚经》也讲无相，六祖说无相无念无住，那么庄子早于佛家，就提出了这个问题。

谁能够在一切时看一切相，而不见相？也就是"见诸相非相"。"相为于无相为"，就是做任何事情也能够无相。谁又能逍遥而没有极限？"登天游雾"，就是描述逍遥游的境界。"相忘以生，无所穷终"，就是已经忘我了，不再受限而没有穷尽。这三个人在一起，就问了这些问题，然后他们三个人相视而笑，心心相印，大家都知道怎么回事了，于是结为好友。

实际上这是庄子在描述一个大宗师所具备的境界。这个大宗师，首先是无相，无我，"相忘以生，无所终穷"，没有我执，那么没有什么东西能够禁锢住他，没有对待，所以才能够登天游雾，逍遥无极，没有时空的限制，时空消失了，也就是如来的境界，如来如去。庄子讲这些故事的时候我们就可以看到他的境界和见地，随便一个故事都是非常高级、非常超然的。

莫然有间，而子桑户死，未葬。孔子闻之，使子贡往侍事焉。或编曲，或鼓琴，相和而歌曰："嗟来桑户乎！嗟来桑户乎！而已反其真，而我犹为人猗！"子贡趋而进曰："敢问，临尸而歌，礼乎？"二人相视而笑曰："是恶知礼意！"子贡反，以告孔子，曰："彼何人者邪？修行无有，而外其形骸，临尸而歌，颜色不变，无以命之。彼何人者邪？"

突然有一天，子桑户死了，还没下葬。孔子听到之后就派子贡前往吊唁，相当于以礼义的方式来接应、参与子桑户这个死而未葬的事情。子贡去了之后，看见子琴张和孟子反在编曲和弹琴，大声唱道："啊！桑户啊！桑户啊！你已经回到本来了，已经成真了，而我还在这里做人啊！"（意思说你已经回去了，多逍遥啊！我在这里还要做人多累啊！）这个子贡看见这个情景，就去问："你们在这个逝者的尸身旁边唱歌，有这样的道理吗？符合礼数吗？"（子贡就看不惯了，搞不懂这两个人在干吗。）子琴张和孟子反一看子贡这个路数，就相视而笑，心里面就意会了，反过来说子贡，你懂得礼吗？

子贡一听，明白他们有呵斥自己的意思，但是心里不明白为什么，于是就回去问孔子。他说："老师啊，这两个是什么人啊？这种人，把有形的完全看作不存在的，站在尸体边唱歌而面色不改，他们到底是什么人啊？"

孔子曰："彼游方之外者也，而丘游方之内者也。外内不相及，而丘使女往吊之，丘则陋矣！彼方且与造物者为人，而游乎天地之一气。彼以生为附赘县疣，以死为决㿌溃痈。夫若然者，又恶知死生先后之所在？假于异物，托于同体；忘其肝胆，遗其耳目；反复终始，不知端倪；芒然彷徨乎尘垢之外，逍遥乎无为之业。彼又恶能愦愦然为世俗之礼，以观众人之耳目哉！"

孔子说，他们是方外之人，而我孔子是方内之人。外内不相及，我让你去吊丧事实上是我错了，我显得太低端了，人家是方外之人，我还让你一个方内之人去吊丧，的确是不应该。这些方外之人，他们和造物主是同气相通的，是得道之人，他们把肉体看作累赘，相当于长了一个瘤子，肉体死了，就相当于这个瘤溃烂化脓了而已。这样的人，哪里管你什么死死生生、先生后死？这些他们根本都不在乎。这一切不同样子的万物，对于造物主来说都是一体的，基于同体来看待，什么肝、胆、耳、目，根本没有分别，没有这种分别的心，也不会去用眼睛、耳朵这些五官去分辨。因为不分辨，所以无所谓开始或终结，处在定中，离于世间分别心，在尘垢之外，逍遥地处在无为的状态中。这样的人，又怎么会执着我们的世俗礼义呢？怎么会受限于世人的眼光而讲什么礼数呢？

庄子在这里提出"方外之人"，后来佛家也采用了，很多出家人会说"老衲是方外之人"，所以可以看到有很多典故都是从庄子这儿来的。

子贡曰："然则夫子何方之依？"孔子曰："丘，天之戮民也。虽然，吾与汝共之。"子贡曰："敢问其方？"孔子曰："鱼相造乎水，人相造乎道。相造乎水者，穿池而养给；相造乎道者，无事而生定。故曰：鱼相忘乎江湖，人相忘乎道术。"

子贡说，既然他们是无相为、无相与的方外之人，那老师你又是什么样呢？换句话说，你依止何处呢？你皈依什么？你说那帮人是皈依道，那么你孔子又皈依什么呢？

孔子说，我啊，就是一个完全被天主宰的、超越不了的普通老百姓，就是一个一般的众生。虽然是这样，我还是与你一起共同来学习、讨论一下。

子贡说，好啊，那讲讲看，我学学。

孔子说，鱼，生活在水里，人，活在道里，人在道中的感觉就像鱼在水中，所以道是无处不在的。若没有道，我们现在早就死了，就像鱼失去水一样。养鱼的时候，要造个池，放点水；而人活在道中，道需要用池来装吗？不用，它本来就在，那么关键在于你要能"无事而生定"。（这句话不得了啊，庄子简简单单一句，点出要害。也就是说，你的心不要乱，这里想想那里想想，每天事情很多。其实你只要心中一无事，自然就在道中，本来就在道中。所以只要无事就能生定，反过来讲，定，关键是因为心中无事。心中有事还定个什么？肯定就开始忙乎。定是因为无事，有事不足以生定。）"故曰：鱼相忘乎江湖，人相忘乎道术"，你想要入道，关键要忘，要无事。

子贡曰："敢问畸人？"曰："畸人者，畸于人而侔于天。故曰：天之小人，人之君子；人之君子，天之小人也。"

子贡听完，接着问，那什么是畸人呢？孔子说，畸人，不是一般人，是比较奇特的，和常人不一样的，与世人相反而与天相通的人。所以说，人中的君子（也就是在人中很会做事的人，做事做得很大的人，玩大事的人，这种人就是有事，不是无事，有事他怎么能够入道呢？所以他自然与人为伴，心中完全是谋事，想着怎么和人一起玩儿，成为人中的君子），这种人，对于道来讲，对于天来讲，是小人（因为他人机发达，天机就浅）；反过来说，与天为伴的人，无事生定的人，在道中的人，对于人来讲就是小人（因为做人那一套礼义他根本不讲，也不会想要办大事、要成功、要搞什么事业，所以自然变成人之小人）

这里的"畸人"，肯定就是天之君子，是与天为伴的，内心根本不是人的那种心态，所以是"有人之形而无人之情"，哀乐、是非不入于心，你说这是人吗？他就不和你们玩儿，他和道玩儿。所以我们后面会看到，有人去找道者，道者说，我在和造物主玩儿你吵我干吗？就是因为他是同于道而畸于人。

颜回问仲尼曰："孟孙才，其母死，哭泣无涕，中心不戚，居丧不哀。无是三者，以善处丧盖鲁国，固有无其实而得其名者乎？回壹怪之。"

仲尼曰："夫孟孙氏尽之矣，进于知矣。唯简之而不得，夫已有所简矣。孟孙氏不知所以生，不知所以死；不知就先，不知就后。若化为物，以待其所不知之化已乎。且方将化，恶知不化哉？方将不化，恶知已化哉？吾特与汝，其梦未始觉者邪！且彼有骇形而无损心，有旦宅而无情死。孟孙氏特觉人哭亦哭，是自其所以乃。且也相与吾之耳矣，庸讵知吾所谓吾之乎？且汝梦为鸟而厉乎天，梦为鱼而没于渊。不识今之言者，其觉者乎？其梦者乎？造适不及笑，献笑不及排，安排而去化，乃入于寥天一。"

第四个故事，还是讲生死的问题，庄子用梦来打比方，提出了生死如梦这个概念，释迦牟尼也提出"一切有为法如梦幻泡影"，我们来看：

颜回问孔子说，孟孙才这个人的母亲死了，他哭而无泪，心中也不难过，发丧也不悲哀，就是说表面上做丧事的样子，可是心中一点儿事也没有。这样一个不哭不悲不哀的人，却还以善于做丧事而闻名鲁国，这真是徒有其名而无有其实。我觉得实在是太奇怪了。

孔子说，孟孙氏的确是很了不起的，处理丧事已经是第一流的水准了。他已经简单得不能再简单。他这个人，已经把生死都了了，是一个道者，没有生、死、先、后的分别。突然间化出一个物相，那是什么化出来的呢？你现在化成这个样子，你怎么知道下一刻你会不会变化呢？（意思就是你肯定会变化，这就是无常，刹那间，一直在变的。）暂时没有变化的，你怎么知道它是不是之前刚刚变化好的呢？（也就是说一切事物事实上没有办法固定，没有办法说到底是什么样子，你刚说的时候它已经变了。）我与你，现在其实是在做梦还没有醒呢！（这就是梦与觉的问题。所以人生如梦，我们现在的生死变化，将来到底会去哪儿？我们当下所在的时候，是在做梦，今天我们一起在聊庄子，是不是在做梦呢？）而孟孙氏，有一个人的样子而不动人心，有一个身体当房子而根本不动情，形骸在变化而他的心不动，身体死了而精神不死，他根本没有生死。（因为他已经体悟到道了，没有生死的道，形骸的生死对他来讲就像白天和晚上一样，他的本来是不动的。）孟孙氏太清楚这个道理了，人家哭丧他也哭，其实只是做做样子而已。（孟孙氏完全是做给你看的，他哭就是个假象，为了和光同尘。）而且我们都有一个"我"，你怎么知道这个"我"就是你呢？当你做梦的时候，梦到自己是鸟，就飞天而鸣，梦到自己是鱼，就沉渊潜游。那你看看今天和我说话的这个你，是在做梦呢？还是醒着呢？

这就是说，在梦的时候，你根本都不知道自己到底是谁，一会儿觉得自己是鸟在飞天，一会儿又觉得自己是鱼在潜水。你到底是醒还是梦？所以我们都以为自己现在是醒，觉得现在是真实的，晚上睡觉做梦是假的，庄子就告诉你不一定哦，可能你现在也是做梦，你觉得这个自己很真实，其实不一定真实；有一天你死了，是否就是梦醒也不一定。你觉得现在很真实吗？有一天死了去哪儿呢？你还存在吗？你思考过这个问题吗？这一切都是在变化的，我们现在觉得很真实的东西其实总是在变，刚还觉得自己很年轻呢，要做一番事业呢，一下就老了，然后再过两天就死了，你怎么办啊？到底你是不是你啊？

庄子这是在说什么？无常。世间这一切我们认为很真实的东西其实都是虚幻的，都是梦，很快就变了。你想想你小时候，当时不是觉得很真实吗？你现在回忆一下，还真实吗？你在准备考试的时候，很紧张吧？你现在还紧张吗？你觉得很要紧的事情，天要塌下来的时候，你现在回忆看看，还要紧吗？它都过去了，都是无常。所以你不用那么恐惧，什么东西都可以不了了之，就不用理它它自己都会消，仅一个不了了之都可以搞定很多事。因为你搞得定和搞不定都是一样，都不外乎是在变化，很快就消失。那么你说，真实吗？比方你家里年纪很大的长辈，小的时候见到觉得很真实，现在年纪大了去世了，再也不见了，你还觉得真实吗？这就是"过去心不可得，现在心不可得，未来心不可得"。

那么，我们的心又是什么东西呢？我们一般所谓的"心"，是建立在物质基础上所产生的念头，这些物质都很不真实，都总在变，你的心能真实到哪儿去？所以你的心，不过是这一堆念头的堆积物！既然如此，何必那么注重你的情呢？你当时觉得我的心情怎么样怎么样，一下子就不见了，多无常啊！本来哭哭啼啼很伤心，过段时间又笑，这就是心被境转，你的心是随着境的变化而变化的产物。境本来就是虚幻，你的心能真实吗？这个心叫作妄心，虚幻不实，你那么在意它干吗呢？所以庄子说，你还是"无事而生定"的好，这样就搞定了，不用搞那么多事，事来了就应，事走了就没有，管他呢。这就是庄子的见地。你懂了，就不要那么执着，不过是无常。孟孙氏是真正的懂，办丧事他已经做到最好了，但是没办法，你们各个都哭得很惨，他只能做个样子，哼两句而已，这是最简单的办法了。

最后庄子总结，"造适不及笑，献笑不及排，安排而去化，乃入于寥天一"。这是说人们认为要谋划、安排，要策划什么，想着什么时候去那里干什么，安排一下，其实根本不用去策划，你策划也不灵。比如有个人，收了很多弟子，然后有一天和弟子们说，我准备一个礼拜以后坐化，你们都来助念助念啊。然后大家念了一个礼拜，没死，那又继续助念，结果半个月了，他还没走，最后助念助念，那帮弟子就在下面骂了，怎么还不死！所以你说有什么必要？还安排自己坐化。庄子就说，与其安排策划，还不如把自己放虚空了，"廖"就是虚空的意思，"入于廖天一"，就是天人合一，与道相通，这是境界。

意而子见许由，许由曰："尧何以资汝？"意而子曰："尧谓我：汝必躬服仁义而明言是非。"许由曰："而奚来为轵？夫尧既已黥汝以仁义，而劓汝以是非矣，汝将何以游夫遥荡恣睢转徙之涂乎？"

意而子曰："虽然，吾愿游于其藩。"许由曰："不然。夫盲者无以与乎眉目颜色之好，瞽者无以与乎青黄黼黻之观。"

意而子曰："夫无庄之失其美，据梁之失其力，黄帝之亡其知，皆在炉捶之间耳。庸诅知夫造物者之不息我黥而补我劓，使我乘成以随先生邪？"许由曰："噫！未可知也。我为汝言其大略：吾师乎！吾师乎！䪠万物而不为义，泽及万世而不为仁，长于上古而不为老，覆载天地、刻雕众形而不为巧。此所游已。"

第五个故事。意而子见过尧之后，又来见许由。许由就问，尧和你怎么说呢？意而子说，尧和我说，你必须身体力行地去做到仁慈、义气，而且心中要明辨是非。许由一听，就说，你这个麻烦大了，尧已经用仁义在你的脸上盖了个印，而且还拿是非来割你的鼻子。（意思就是尧跟你说仁义和是非，就已经把你套牢了，就相当于你已经有罪了，而且已经给你上刑了。）这么一来，你还怎么逍遥呢？还怎么能来和我当神仙呢？（许由是神仙，这个意而子想去请教神仙术，怎么修到逍遥，可是又先去听了尧那一套，所以许由说你很难啊，已经被中毒了。）

意而子说，你说得对，但是我还是想逍遥一番。许由说，不行啊，像你这样就好像是一个盲人，已经眼瞎了还怎么看颜色好不好？怎么挑花纹美不美？

事实上许由这是在讲意而子的心，而并不是说眼睛的问题。就是说你的心已经被仁义和是非玷污了，你已经执着这些东西了，你还怎么能逍遥呢？可能动不动就说守戒律，就讲仁义、讲礼术，那我还怎么和你说逍遥，讲无为呢？我一讲无为，你就觉得这个人怎么这么散漫、掉举？就觉得很反感。就像吃素的人，看见吃肉的就觉得很坏，就拿着戒律天天盯着人家守没守戒，心里面已经被污染了，不自在了。不只说这种戒律，连有仁义和分别心都不行，你已经不能自在，就拿很多条条框框去框人，然后见这也不对见那也不对，不仅自己不自在，搞得别人也不自在。所以意而子去见尧，尧还是圣王啊，不是一般人啊，都会受到污染。这就是庄子的境界，他很牛的，尧他也敢说。

意而子还是想逍遥，他又说，无庄这个美人失去她的美貌，据梁这位勇士失去他的气力，黄帝这位智者失去他的智慧，这些都是一瞬间的事。那你怎么知道造物主不会突然间帮我消去脸上的印、帮我补回割掉的鼻子呢？然后让我随先生你去作神仙呢？（意而子很会讲，他意思就是造物主肯定一瞬间就把我这些污染洗掉了，然后我就可以跟你去逍遥了。）

许由一听，咦，这家伙有点孺子可教的样子，他说，噫，也可能哦，既然这样我就和你讲点吧。我的老师啊！我的老师啊！"整万物而不为义，泽及万世而不为仁，长于上古而不为老，覆载天地、刻雕众形而不为巧。此所游已！"

许由这几句是在描述道，意思是道就是我的老师，真正的大宗师，只有道才能做到这样：调和万物、恩泽万世根本不是因为仁义，再古老的东西都是以它为源头，天地都是它覆载，众生都是它生出来的。这是讲道，就这几句和意而子就讲完了。

颜回曰："回益矣。"仲尼曰："何谓也？"曰："回忘仁义矣。"曰："可矣，犹未也。"他日，复见，曰："回益矣。"曰："何谓也？"曰："回忘礼乐矣！"曰："可矣，犹未也。"他日，复见，曰："回益矣！"曰："何谓也？"曰："回坐忘矣。"仲尼蹴然曰："何谓坐忘？"

颜回曰："堕肢体，黜聪明，离形去知，同于大通，此谓坐忘。"仲尼曰："同则无好也，化则无常也。而果其贤乎！丘也请从而后也。"

第六个故事直接进入境界来谈。颜回和孔子说，老师，我有进步了！孔子说，你怎么样啊？颜回说，我已经忘记仁义了。（颜回能忘记仁义，那实在是太了不起了，他一个仁义礼智信的信徒，居然忘记仁义了，你看庄子多会讲故事，还直接去和孔子汇报：我忘记仁义了。）孔子说，你可以哦，但是还有东西你还没有忘，还没到家。过一段时间，颜回又来见孔子，说我又进步了哦！孔子说，怎么说呢？颜回说，我忘记礼乐了。孔子说，嗯，可以，但是还是没到家。

又过了几天，颜回说我又进步了！孔子说，怎么讲啊？颜回说，我坐忘了。这一下把孔子吓坏了，搞不清楚什么叫坐忘，惊奇地问什么叫坐忘啊？颜回说，空掉了身体，内心不再有分别，身心俱忘，通合于道，这就叫坐忘。孔子听了颜回的回答后说，啊呀你这个境界太高了，我也要随你其后去修行。

从这个故事我们看到修行不是只讲空，还要能"同于大通"，就是合道。有的人说我练功我已经空了，空了然后呢？是不是变成无知了？无知无相那就是顽空。颜回这最后一句"同于大通"很重要，要空而有道啊，叫作空中妙有，这才是关键；反过来讲，真在道的境界里面，一旦无知那就会无所不知。如果只是从无知到无知，那你完了。所以老子说，"不知知，病"，我们一般人都是这样；而圣人是"病病是以不病"。什么叫"病病"？不知到知，是病，那么在这个基础上又来一次，先能"不知"，空掉，境界提高了吧？然后再"知"，这第二次的"知"，是在不知之中、在定境中的知。第一个"不知知"的"知"，是学来的，这完全不一样啊。所以我们修行，不要变成从不知到不知啊，那你就顽空了，而不是长智慧；要不知而能"同于大通"，大通就是什么都通了，全通，这才是圣人的境界，"以其病病是以不病"。

这就是第六个故事，颜回忘记仁义是非而坐忘的过程，就是从知到不知，是"上"，最后进入"同于大通"，这是真修道的境界。

子舆与子桑友，而霖雨十日，子舆曰："子桑殆病矣！"裹饭而往食之。至子桑之门，则若歌若哭，鼓琴曰："父邪！母邪！天乎！人乎！"有不任其声而趋举其诗焉。

子舆人，曰："子之歌诗，何故若是？"曰："吾思夫使我至此极者而弗得也。父母岂欲吾贫哉？天无私覆，地无私载，天地岂私贫我哉？求其为之者而不得也。然而至此极者，命也夫！"

最后一个故事。子舆和子桑是好朋友，有一次连下十天大雨，子桑生病了，子舆就带着饭去看望子桑。到了门口，听到子桑在里面又像唱歌又像哭，而且还弹着琴，唱道："父吗？母吗？是天啊？还是人啊？"歌声微弱急促，不成调子。

子舆进去问子桑，你唱歌、赋诗，为什么是这样的呢？子桑说，我在想，我穷到连饭都没得吃，父母怎么会希望看到我这个样子呢？天是无私地覆盖着一切，地无私地承载着一切，天地也不会故意令我贫啊！那么我这个样子到底是什么道理，实在搞不清楚。看来今天这个贫病交加的惨状，就是我的命啊！

庄子这个故事是讲什么？怎么突然间冒出这个故事来？穷成这样，然后自己还思考一下：父母也不会希望我穷，天地也是无私的，也不会希望我穷，我为什么穷到这个程度？我想来想去实在想不出来，看来这是命啊！就讲这么一个故事。然后他的状态还在唱歌，又哭又唱，最后的结论，是命。意思就是说，任何事情，其实都是命，安之若命就是这个故事的核心。

事实上，如果我们真懂得命的话，很多东西就看得很透了，拿一个人的八字一排，基本上都跑不出他那个命局。一看八字，你的职业、靠什么吃饭、有钱没钱、什么时候死，清清楚楚，都跑不掉，这是命啊。这个东西很奇妙，的确是这样。什么时候生病，生的什么病，连你是残疾八字里都能看得出来，甚至在什么时间段发生了什么具体的事情都能知道，这些都是命，所以你根本不用太过地去贪求什么。

像昨天有一对父母带两个女儿过来，大的胖，小的瘦，他们看见大女儿越长越大，变得胖乎乎，感觉很难受，结果拿八字一排，大女儿八字里全是土、水、金，她能不胖吗？一片金水，都是寒性，是往内收的，当然胖；小女儿八字里全是火，她能不瘦吗？我们中医说瘦人火多，胖人痰湿，这是必然的，是你的五行决定的，是定数。你如果硬要去改变，行不行呢？也可能能改变一点儿，但是意义不大。所以庄子在这一篇的最后说"命也夫"，懂得了本来，然后要安之若素啊！

应帝王

最后一篇，《应帝王》。我们道家有一种说法，叫作内圣外王，就是内在的修行达到一定境界之后，外在自然就出现了一种无所不胜的状态。这一篇《应帝王》就是讲"外王"的问题。那么，总的核心思想，这个应帝王的法，说白了就是无为，就是无为法，没有什么其他的内容了，整篇都是在讲这个。

啮缺问于王倪，四问而四不知。啮缺因跃而大喜，行以告蒲衣子。

蒲衣子曰："而乃今知之乎？有虞氏不及泰氏。有虞氏其犹藏仁以要人，亦得人矣，而未始出于非人。泰氏其卧徐徐，其觉于于；一以己为马，一以己为牛。其知情信，其德甚真，而未始入于非人。"

啮缺这个人去向道者王倪求教，问了四个问题，王倪都说不知道，也就是说王倪根本不用知，也不可能回答什么东西，他是无言之教。但是啮缺没懂，无法以心印心，反而觉得，嗯，看来这个王倪的水平也不怎么样，还特别高兴地跑去告诉蒲衣子。蒲衣子一看他这个状态，就说他了。蒲衣子说，你懂不懂啊？有虞氏不可与泰氏相比，有虞氏还拿着仁义去控制人，而根本没办法进入无我的状态；泰氏就不一样了，根本不管自己是牛还是马，不把自己当成人的样，是空性的。

泰氏这样的人，和王倪是一样的，就是上一篇讲的处在一种无事生定的状态，是不可能用知来和你对答的，他是处在道中，在定中。因为在定中，自然就是"其知情信，其德甚真"，这是蒲衣子告诉啮缺，其实你心中想要问的是知道仁义，而仁义这个东西道者根本不要，也懒得回答你。

肩吾见狂接舆。狂接舆曰："日中始何以语女？"肩吾曰："告我：君人者以己出经式义度，人孰敢不听而化诸？"狂接舆曰："是欺德也。其于治天下也，犹涉海凿河而使蚊负山也。夫圣人之治也，治外乎？正而后行，确乎能其事者而已矣。且鸟高飞以避矰弋之害，鼷鼠深穴乎神丘之下以避熏凿之患，而曾二虫之无知？"

肩吾这个人与老师日中始见面之后，又去见狂人接舆。接舆就问，日中始和你说什么？肩吾说，日中始告诉我说要制定法度、礼义这些规矩，这样看谁还敢不听你的？

狂人接舆一听，说："这些都是装模作样的有为法，用这样的方法去治天下，就好像妄想去海中凿一条河或者让蚊子去背一座山一样。圣人之治，难道只是搞点外在的东西吗？圣人是修内在，而不是做外面的形式。小鸟还懂得高飞以躲避猎人的箭，老鼠还懂得在有庙社祭拜的山下做窝，这样人们忌讳神灵而不敢随意凿洞。日中始那一套用规矩礼义框人的治国方法，连这两个小动物的知都比不上吗？"

天根游于殷阳，至蓼水之上，适遭无名人而问焉，曰："请问为天下。"无名人曰："去！汝鄙人也，何问之不豫也？予方将与造物者为人，厌，则又乘夫莽眇之鸟，以出六极之外，而游无何有之乡，以处圹埌之野。汝又何帛以治天下感予之心为？"又复问，无名人曰："汝游心于淡，合气于漠，顺物自然而无容私焉，而天下治矣。"

天根这个人来到殷阳蓼水这里，碰到一个无名人，是一位道者。天根就向无名人请教，"请问为天下"，问他如何治国，也就是"应帝王"，帝王就是专门讲怎么治国。这个无名人一听，说："去！你这个人怎么问这种问题？我和造物者相通，和它玩儿得正开心，正在无何有之乡逍遥呢，你却来问怎么管天下这种无聊的事情，真是一个鄙人，干吗问我这种事？"

天根不死心，还是要问，无名人没办法，就开始讲怎么治国，说了那么多，其实就是四个字：无为而治。也就是顺其自然，不要动私心，处在淡泊的状态，不要去有为，天下就这样治。这就是庄子的应帝王，描述圣人如何应对帝王。这些圣人都是道者，非常超然，而帝王问的都是俗事，那么道者就告诉帝王，你要无为而治。

阳子居见老聃，曰："有人于此，向疾强梁，物彻疏明，学道不勧，如是者，可比明王乎？"老聃曰："是于圣人也，胥易技系，劳形怵心者也。且也虎豹之文来田，猨狙之便来藉。如是者，可比明王乎？"阳子居蹴然曰："敢问明之治？"老聃曰："明王之治：功盖天下而似不自己，化贷万物而民弗恃；有莫举名，使物自喜。立乎不测，而游于无有者也。"

有一个叫阳子居的人，他很勤奋好学，头悬梁、锥刺股的那一种，而且从来不厌倦。他去见老子，问这样精进是否可与明王相比？老子说，你这种方式都是一些劳心、劳形的行为，怎么能和明王相比呢？阳子居一听很惊讶，赶快就问，那怎样才是明王之治呢？老子说，明王之治，是无为的，无我的。就是这么简单。

所以我们现在很多人修行，很精进，就有点像这个阳子居，盘坐一坐，腿痛得不得了，但是不管，继续顶住，一坐一个小时，再坐，两个小时，然后和人家比坐，意思我坐得久功夫很高。其实根本两回事，修行不是修这些。特别是庄子所描述的修行境界，不会搞这些有为的东西。庄子是在任任无为的状态修行，是很自在逍遥的，他不会去努力把自己打造成什么样，不是一种想要去做什么事的状态。我们很多人修行相当于没事找事，自己把腿捆起来练，专门做这一件事，而庄子是无事而生定。所以你是在找事做，你不是在修行，你是有事而没定，定不了，然后你自己觉得"嗯，我在修行"。当然你这种也算一种修行，但是和庄子的修法不一样。庄子是坐忘，坐忘不是搞双盘、忍腿痛，他是怎么舒服怎么坐，而且坐着坐着忘掉了躯体，他不会去搞那种令自己缠缚的事情，也不会去练身体，练出一个肌肉坚硬的身体，庄子不做这种事情，他是无为而治。现在我们很多修行人都是有为，一有为就拼命努力搞事，然后看是成功还是失败。修道哪有什么成功和失败？只要你心中无事，自然就入定，你只要能够空掉，同于大通，那是真正的坐忘。所以关键在于同于大通，关键在于合道，而不在于形式。当然如果你盘腿痛着也能入道那也可以，不知道有没有这样的人，可能有的人必须痛了才能入道也不一定。

所以老子就说，明王肯定不是像你阳子居说的那样，他不是去努力做事换得成功，他做一切事是自然的，就像天地一样，无为而治。天覆盖一切，并不是因为想要对谁好，它是"以万物为刍狗"，根本没有什么私心，也没有这种是非。

郑有神巫曰季咸，知人之死生、存亡、祸福、寿夭，期以岁月旬日若神。郑人见之，皆弃而走。列子见之而心醉，归，以告壶子，曰："始吾以夫子之道为至矣，则又有至焉者矣。"壶子曰："吾与汝既其文，未既其实，而固得道与？众雌而无雄，而又奚卵焉？而以道与世亢，必信，夫故使人得而相汝。尝试与来，以予示之。"

郑国有一位叫季咸的神巫，能够知人的生死存亡、祸福寿夭，那个人死在什么时间，出什么灾难，都很清楚，相当于我们现在很厉害的批八字的高手一样。郑国的人民见到这个神巫，各个都跑，不敢见他。但是列子一看见这个人这么神，就心醉，回来告诉他的师父壶子有这么一个人。他说，师父啊，刚开始我以为你的道很厉害，现在我又见到一个比你更厉害的。壶子就很无语，就告诉列子，我与你虽有师徒的名分，但实际上你并没有学会我的东西，根本都不得道，只有一个形式，说是我的徒弟，其实根本不懂得我的道是什么样子。就好像一群母鸡，没有一只公鸡又哪里能生得出蛋？我的道，要有一个真正是这块料的人，我才教得会。你说那个人很厉害，那你叫那个人来看看。

壶子的意思就是说，你跟我学那么久了，都不知道道是什么样子，出去看见一个神巫你就觉得比我还厉害。那你叫那个人来，我给你演示演示，让你慢慢体会一下。

明日，列子与之见壶子。出而谓列子曰："嘻！子之先生死矣！弗活矣！不以旬数矣！吾见怪焉，见湿灰焉。"列子入，泣涕沾襟以告壶子。壶子曰："乡吾示之以地文，萌乎不震不正，是殆见吾杜德机也。尝又与来。"

第二天，列子带着神巫来见壶子。神巫见了壶子之后，出来和列子说："哎呀！你的老师快要死了，活不了多久了，充其量也就几个月的事！我看到一片死气沉沉。"列子一听，就走到老师跟前，一把鼻涕一把眼泪地哭着告诉壶子神巫的话。壶子说，我是有意显示了一些东西给那个人看，让他看到一片没有生机的相，所以他肯定认为我要死了。明天你叫他再来。

明日，又与之见壶子。出而谓列子曰："幸矣！子之先生遇我也，有瘳矣！全然有生矣！吾见其杜权矣！"列子入，以告壶子。壶子曰："乡吾示之以天壤，名实不入，而机发于踵。是殆见吾善者机也。尝又与来。"

又过一天，神巫又来见了壶子，出来和列子说，万幸啊！好在你的老师昨天见了我，现在恢复了一点儿生机，又有救了！这种神巫都是神道的，然后功劳都是归自己。列子就进去见老师，壶子说，我显示了一点儿生机在脚跟处，令一丝生气从脚跟处发出来

（前面庄子就说了"真人之息以踵"），这神巫看见了这个气机就说我有救了。你明日再让他来。

明日，又与之见壶子。出而谓列子曰："子之先生不齐，吾无得而相焉。试齐，且复相之。"列子入，以告壶子。壶子曰："乡吾示之以太冲莫胜，是殆见吾衡气机也。鲵桓之审为渊，止水之审为渊，流水之审为渊。渊有九名，此处三焉。尝又与来。"

又过一天，神巫来见壶子，见完出来和列子说，你的老师这一次我根本都看不清楚，是不是没洗澡啊，还是没准备好？你让他先准备好，然后我再重新看过。列子进去告诉了壶子。壶子说，这一次我给神巫显示的是一种看不清楚的相，似深渊一般，他当然看不清。你明日再叫他来。

明日，又与之见壶子。立未定，自失而走。壶子曰："追之！"列子追之不及。反，以报壶子曰："已灭矣，已失矣，吾弗及已。"壶子曰："乡吾示之以未始出吾宗。吾与之虚而委蛇，不知其谁何，因以为弟靡，因以为波流，故逃也。"

再一天，神巫来见壶子，还没站稳，就心慌，自己就跑了。壶子就叫列子说："快追！把他追回来！"列子去追根本追不到，那家伙跑得太快。列子就回来和壶子报告："师父，我没追上。"壶子说："这一次我示其以空相，这神巫一看，空旷旷，看不到东西，心都慌了，自己没有脚跟一样站不稳。我随便显示这么一个相，他就吓得跑没影了。"

然后列子自以为未始学而归。三年不出，为其妻爨，食豕如食人，于事无与亲，雕琢复朴，块然独以其形立。纷而封哉，一以是终。

于是列子自己就开始觉得很惭愧了，跟着老师这么久，什么也没学会，便不在壶子那里待着了。回到家三年不出门，每天侍奉自己的妻子和家眷，养猪养鸡，老老实实过日子、做家务，回复到一种自然的生活状态，就这样，最后反而修成了。

这个故事，庄子在说什么？这是说一个术士和一个道者的差别。那个神巫是个术士，一天到晚玩儿的是术，而壶子是一位道者，想示什么相就示什么相，你怎么可能搞得清楚呢？而列子就代表我们一般的普通人，普通人就是好奇那些神神道道的东西，最后还是归于平常心，回归于日常生活，反而修成。所以我们看到庄子所讲的东西就是禅宗，行住坐卧，回家好好生活，该怎么做人就怎么做人，他反而"一以是终"。"雕琢复朴"，就是回到本来，"块然独以其形立"，就是与道相通。"纷而封哉，一以是终"，他能够在生活中修，在家里面养猪，与自己的妻子相伴，这很了不起，这是生活禅。

然后，下面这一段庄子总结：

无为名尸，无为谋府，无为事任，无为知主。体尽无穷，而游无朕。尽其所受乎天而无见得，亦虚而已。至人之用心若镜，不将不迎，应而不藏，故能胜物而不伤。

这一段讲的是无为而治，令自己虚无、入道，"用心若镜，不将不迎"，随缘不攀缘，"应而不藏，故能胜物而不伤"，也就是能够和光同尘。

最后一个故事。这个故事太有名了：

南海之帝为儵，北海之帝为忽，中央之帝为浑沌。儵与忽时相与遇于浑沌之地，浑沌待之甚善。儵与忽谋报浑沌之德，曰："人皆有七窍以视听食息，此独无有，尝试凿之。"日凿一窍，七日而浑沌死。

这个故事文字很浅显，说这个浑沌本来没有七窍，这个儵与忽就想着帮他凿出来，每天凿一窍，七天以后，这七窍一出来，浑沌就死了。

所以我们人都是这样，本来是混沌，是一种空、定的状态，像小孩儿、婴儿，是一片混沌。然后我们做父母的就像儵和忽一样，就开始让他开窍，就想要小孩变得聪明点，全方位打造，结果弄一弄，混沌死了。那么从人体来讲，中央的混沌就代表土，北方和南方就是肾和心，土在中间。所以土之中就有先天的妙用，先天土德，先产生土，再产生万物。以土来化，物化。这就是说，如果人滥用自己的聪明，耳聪目明，那么就相当于把先天的无为的状态给打破了，失去了无为的状态，那么就通不了道。这是庄子在讲如何与道相合。

所以要无眼耳鼻舌身意，才能入道。反过来，我们的眼耳鼻舌身意越来越厉害的时候，越来越耳聪目明的时候，混沌就死了，不见道，得不了道。这就是释迦牟尼说的无眼耳鼻舌身意，无色声香味触法。我们现代人就是颠倒的，天天追逐声色，那么你的混沌就死掉了，你怎么同于大道呢？同不了。

这个故事很明确地告诉我们，七个窍，一天一个窍，混沌就死了。所以有人说我们那么聪明，怎么办？越聪明的人越难入道。那有人就说，那我干脆全部凿完，就通透了，空掉了。也有这一说，叫作聪明透顶，你也可以试一试，全部凿完，把它凿空掉，这也是一个方法。要不然你就无眼耳鼻舌身意，也行，也可以回去。所以我们修道，是回去，回到本来，做人做事，是出来、是展现，它是两个相反的方向。那么科学就是向外的，光眼耳鼻舌身意还不行，还要扩展，比如望远镜，就是要利用各种各样的工具，把你的眼耳鼻舌身意扩展得更加厉害，越厉害我们科学的水平就越高，这就是科学。修道不是这样，它是把这些东西空掉，回到本来，回去。所以你看到所有的经典，都在说哎呀人心不古啊，黄帝那个年代，在《黄帝内经》中就说人心不古了，说上古之人怎么怎么好，中古就不行了，下古就一塌糊涂了。释迦牟尼就说正法时期、像法时期、末法时期，越后面就越堕落，连《圣经》也是这么说，这些经典都是这么说。也就是说，从往内走的方向来看，越是古代的人，他的状态离道越近；我们现代是物欲横流，追求的是外在，所以就把精气神完全耗散。这是完全两回事，方向相反。现代人越来越聪明，像我们现在的小孩儿，哎哟，不得了，小小年纪什么都懂，根本不用教，那实在是太厉害了，但是离道就远了。这也就是前面说的"不知"和"知"的关系。不知，是回去；知，是往外。

那么庄子讲这一篇《应帝王》，就是讲无为，所以我们修行的法，就是任任无为，这是最高级的心法。就是说你根本不需要很努力、很刻意，你随遇而安，任任无为。你的心中无事，你自然就静、就定，而且你心里很清楚、很明白庄子说的道理：这一切相都是无常，梦幻泡影，你的心只是相的产物，更加无常，根本是一堆不存在的东西，那你就不用执着了吧？执着也没用。所以就是放下，一放下以后，自然就入定，就进去了，关键就在这里。这样你才能够梦醒，否则的话你还是在做梦。

庄子讲这个心法，讲得很细，一点儿一点儿，一个故事一个故事，你必须看懂才能理解。其实我们从小长到大，已经阅历那么多，难道还看不清楚吗？自己的身体随着时间一天天在变迁，年纪稍大一点儿，胡子就白了，本来挺黑的啊，而且感觉自己的精力很旺盛，永远不累的感觉，年轻的时候俯卧撑几十个，一点儿事都没有。年过半百以后呢？做几个都有点难。这就是变迁，就是无常。那你体会一下，这些东西到底存在吗？是真的吗？如果是真的，为什么不能永存？所以究竟什么是实相？

我们现在能感知的一切相，都是虚幻的、无常的，这就是老子说的"可道，非常道"，心里面的念头，就是"可名，非常名"，都是变化的。这些名是建立在"可道"的基础上，是依附它出来的。比方一个茶壶，我们心里这个茶壶的概念，是依附茶壶的相产生的，离开这把壶，心里还记着它的样子。但是这把壶，本身是无常的，明天说不定就不是这个样子，过两天说不定就丢失了，过一段时间你就忘了，你心里还有这个东西吗？没有了。很多小时候的事你都忘了，很多事你根本记不得。所以普通说的这个心，就是"名"，这一切名相都是在变化的，都是无常的，都是不真实的。那么，要把这些看透之后，才能够体会到那个永恒的东西，那个叫作"道"。这就是老子在《道德经》开篇说的"道，可道，非常道，名，可名，非常名"，透破这两个东西以后你才能够见道，你就放下了，然后你才知道，哦，原来是这样。

庄子就在讲这个道理，然后又怕你不懂，所以直接讲梦，这一切都是做梦，都是梦幻泡影，很快就不见了。你想想看你以前的生活是不是梦幻？你现在回忆一下。抓不到的，过去了就过去了，那不是一个梦吗？未来没发生的东西也是一个梦。现在，真实吗？刹那刹那，瞬间就变。你觉得现在很真，三分钟就换一个样。这就是迁移。我们昨天在干吗？今天在干吗？等会儿你干吗？现在我们聚在这里这个相，好像很真实，等会儿下课一散，还真实吗？这就是一个缘，相聚的缘，事实上真正的东西是空的，释迦牟尼叫作"缘起性空"，本质是不存在的、空的，缘只是一个相。那么清楚了这个道理以后，对这些相你就不要执着了，慢慢就能与道相通。

所以《庄子》看上去是一个个的故事，实际上非常如理如法，核心的内容暗藏其中，处处点到最本质的东西，都是上上之法。那么这个心法，要实践，处处让自己放下，做一个无事的闲人，那是很了不起的。其实人生能够获得闲暇，是很不容易的，一般人们都是很累，天天忙，所以一个暇满的人生已经很了不起了，福报很大了。但是人们就是喜欢没事找事，所以修行不容易啊，要有一个暇满的人生，然后能够无事，无事然后能够生定，才能与道相通。那么你就与造物主玩儿了，就开始逍遥了，进入无何有之乡。你只要能进得去，整个生命就开始产生蜕变，就从眼耳鼻舌身意的境界，退出来，进入另外的境界。要不然，现在很多人修道就变成了庄子前面描述的那个神巫的状态，都想有一点儿了不起的本事，懂得几套术，然后去忽悠人家，然后和人家说，嗯，好在你遇见了我，有救了。所以庄子很有趣，讲故事讲得很有味道，很生动。

亲爱的读者朋友们：

　　东方出版社秉承"新思想、新知识、新生活"的理念，致力于国内外优秀的经济、管理、文艺、少儿、生活、历史、学术、教育等人文社科类图书的出版，每年出版的图书品类达千余种。

　　为答谢读者朋友们长期以来的厚爱，特推出系列优惠馈赠图书活动。只要您通过微信关注"东方出版社"　（微信公众号：dfcbs2011）并自付邮费，就有机会获取百本免费区或百本三折区里的任意一本图书。每月两次我们将从热心读者中抽取 100 名幸运朋友，更为优惠的活动信息详见微信公众号。

　　感谢您的支持，汲取知识与力量，我们将与您一路同行！

（活动具体信息及时间详见微信公众号）

若有任何咨询和疑问，敬请联系读者服务部：010-85924616